ずるいえいご

青木ゆか
ほしのゆみ

nbb
日経ビジネス人文庫

ずるいえいご

青木ゆか×ほしのゆみ

日本経済新聞出版社

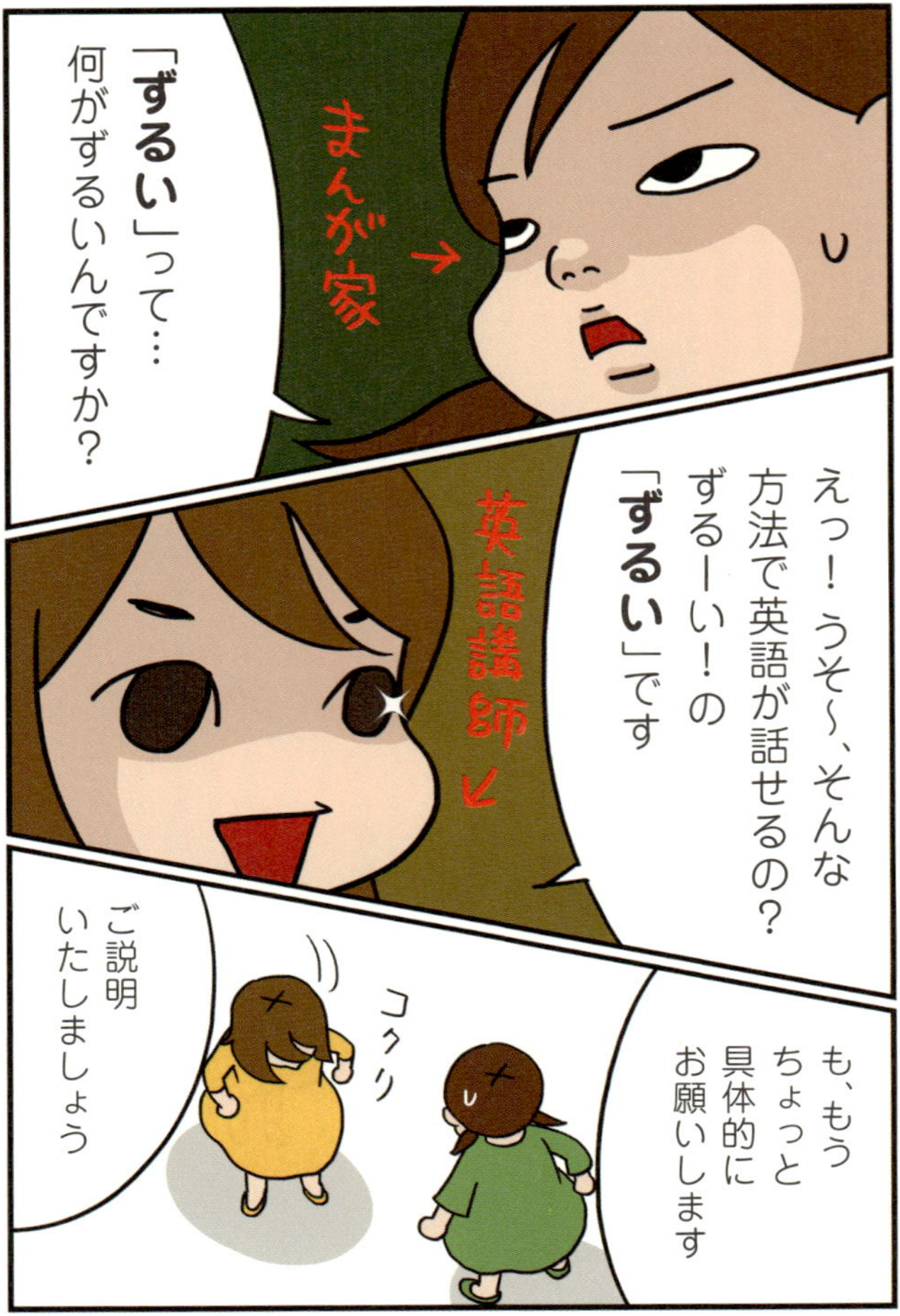
「ずるい」って…何がずるいんですか？
まんが家→
えっ！うそ〜、そんな方法で英語が話せるの？ずるーい！の「ずるい」です
英語講師↙
も、もうちょっと具体的にお願いします
コクリ
ご説明いたしましょう

とあるものを「すてる」のです それは今、皆さんが持っているものです それを「すてる」
詳しくは次ページへ
……どうして「すてるえいご」にしなかったんですか？
そのタイトルじゃ売れない売れないって言われて…
ズーン
「ずるいえいご」どうぞヨロシク★

はじめに

こんな人のための本です

・学校の授業から長い間まじめに英語を勉強したが、いつまで経っても話せない人

・英語教材を買い集めて勉強しても話せるようにならない「英語コンプレックス」保持者

・辞書がないと会話ができないと思っている人

・「○○って英語で何て言うんですか？」とつい聞いてしまう人

話せるものが話せない理由

・単語がわからない
・フレーズを覚えてもすぐ忘れる

こんな理由で会話が続かないのは
学生時代から○×をつけられ英語の勉強は
「ひとつしかない正解を見つけることだ」
と、思い込んでいるから

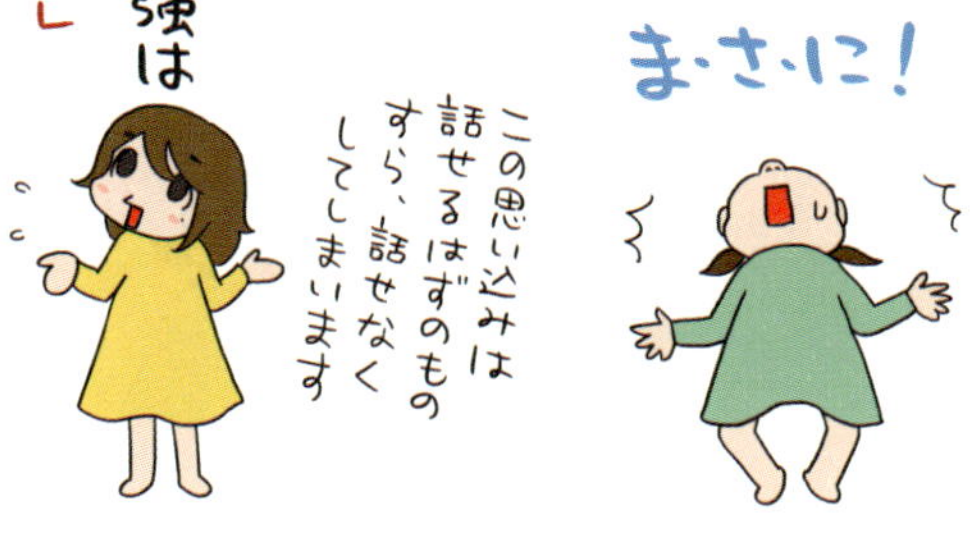
まさに!
この思い込みは話せるはずのものすら、話せなくしてしまいます

言い換え技術で話せる
今ある英語だけで
それをいかにして応用し
使いこなして話すか

というノウハウ…
つまり
「すてるえいご」を
お伝えします!!

心を動かしてみてください

「概念」や「考え方」「取り組み方」を
覚えるだけでなく

「へ～!! こうやってすすてていくんだ!?」

と、心が動けば、本当に自分の
ものとして身につきます

私も「へ～」「へ～」言いました!
私ができたんですから必ずあなたにもできます!!

Contents

ずるい えいご

Part 1
話せることを知る「6つの心構え」

Part 2

言い換えの原則「4大柱」

Part 3

魔法のボックス

言い換えトレーニング編

Part 4

魔法のボックス　応用編

プロローグ

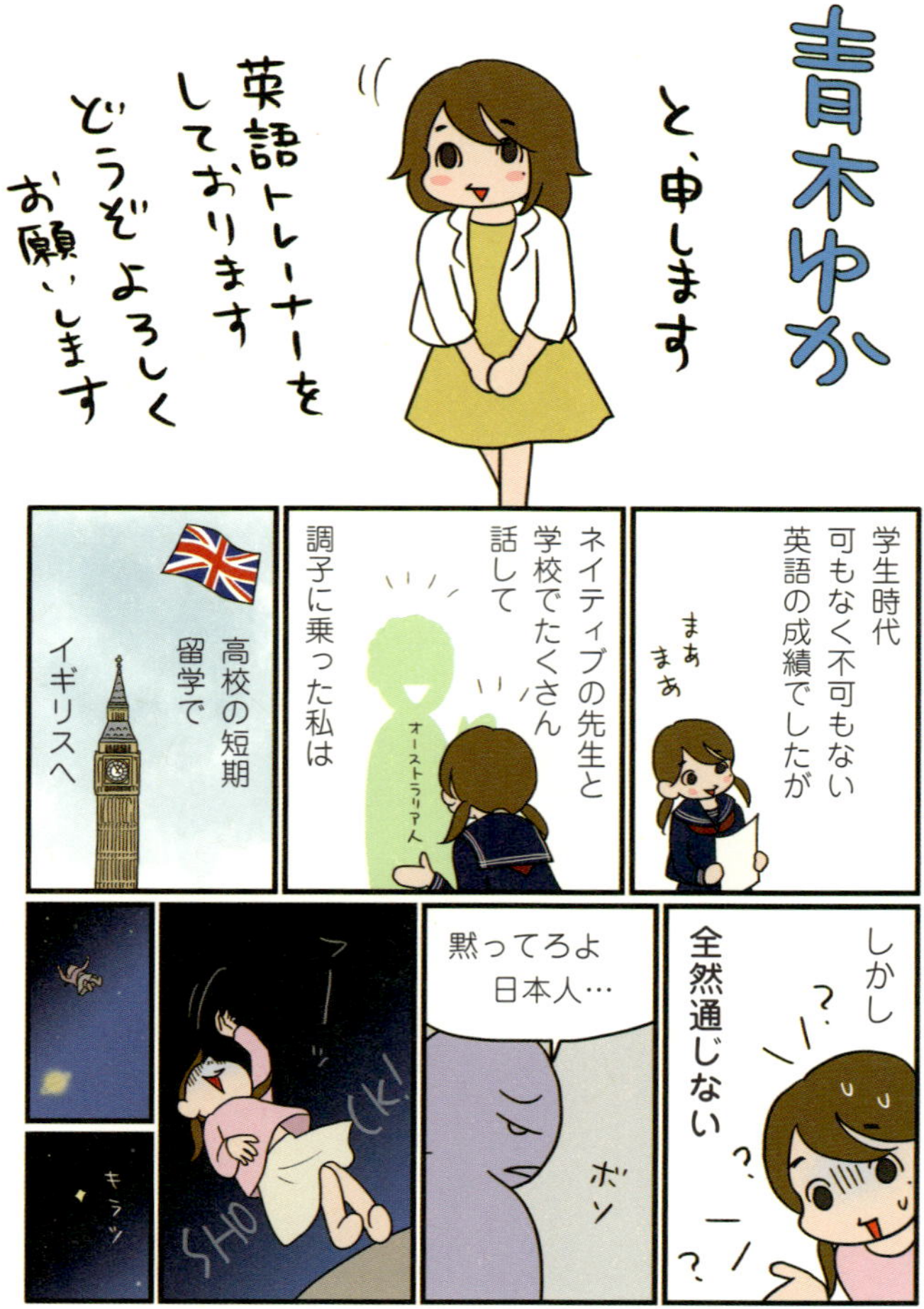

青木ゆか
と、申します
英語トレーナーをしております
どうぞよろしくお願いします
学生時代
可もなく不可もない
英語の成績でしたが
まあまあ
ネイティブの先生と
学校でたくさん
話して
調子に乗った私は
オーストラリア人
高校の短期
留学で
イギリスへ
しかし
全然通じない
黙ってろよ
日本人…
ボソ
SHOCK!
キラッ

ほしのゆみ
と、申します
マンガをちまちま描いてます
よろしくどーぞー
学生時代まじめなのでがんばっていた英語でしたが
教科書丸ごと暗記方式だったため
終わるとサラサラこぼれていき
forget
勉強時間に成績が比例せず
…
もっとも費用対効果の悪い学科でした
英語なんてキライだあっっ

そんな2人が
わ、私…全然自信ありません…
大丈夫です!! コツがあります!!
出会った
苦手なままの人代表
克服した人代表
そういえばどうしてイギリスで通じなかったんですか?
あー…それはですね
英語の先生は通じるように
誘導
してくれてたんですね
まずしょっぱな通じなかったのはホームステイ先のお宅で
門限とか
お掃除とか
何か〝ルール〟はありますか?と聞きたかったんですが…

それが全く通じない
Rule
Rule
発音？
発音が悪いの？？
「ルール」と繰り返し続けました……
ルールルゥ
ルオールル
アールユー
エルイー
ルール
これがテストばかりしている日本人がおちいりがちな失敗だったんです
ええ!!
と、いうと!?
そこですてるえいごなんです!!
ワ〜
まだ全然わからんけど

他己紹介

ゆか先生は、パワフルで
熱くて感動屋さん。
そして驚くばかりの
おっちょこちょいです。
(ガラス扉に突っ込むのを目撃)

ゆみぞうさんは、よく
笑う太陽みたいな人。
そして私に負けない
うっかり屋さんです。
(電話したら誰かと間違えて
「はいはーい」と出て慌ててた)

青木ゆか

ほしのゆみ

Part 1

話せることを知る
「6つの心構え」

英会話は、坂を上るように少しずつ上達するのではなく、ある日突然、階段を一段上がるようにグッと上達します。

ですから、それには、「**楽しく続ける**」ことが大切です。暗記だけの苦しい勉強法では長続きせずに、階段を一段上がるまえに挫折してしまいます。

第1章では、丸暗記をすて、辞書をすて、正解をすて、まず今持っている単語力で「伝わる」ことの楽しさを体感していただくための、6つの「心構え」をお話しします。

なお、コラムのあとに、「**イメージメソッド**」をちりばめてみました。

イメージを広げるトレーニングもしてみてくださいね。

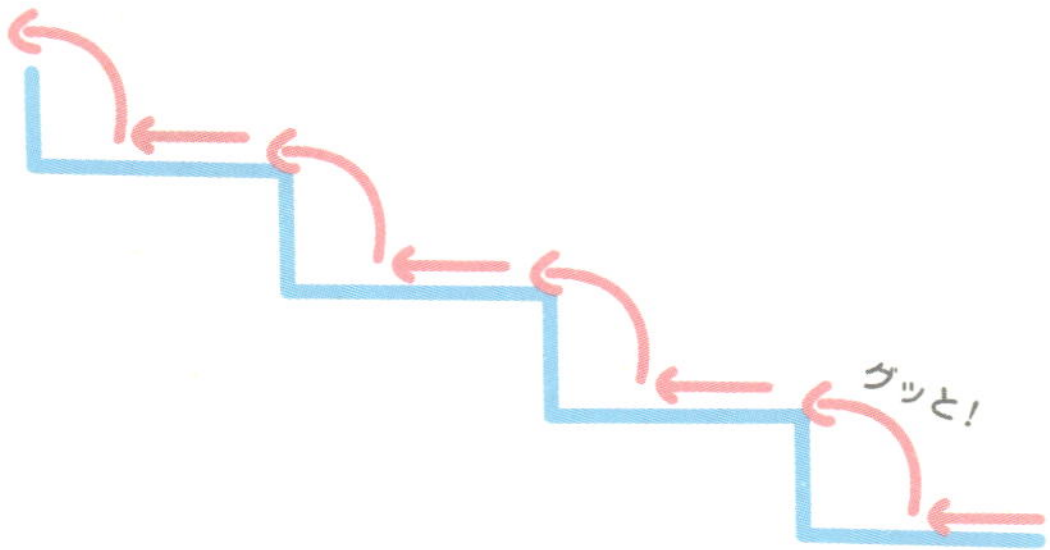

心構え1

完璧をすてる

イギリスに着いたとき、道中大丈夫だった?って聞かれまして
ほうほう?
飛行機がスゴく揺れて怖かったんですけど
『大変な乱気流に出くわしました』
と、言いたい
えー…
……
ら…乱気流ってなんだっけ
turbulence
タービュランス
で…出くわす?
encounter
エンカウンター
ワァ〜出てこない
あ、コレ知ってるRPG《ロールプレイングゲーム》でモンスターに遭遇したとき言う

あたふた
あたふた
えっと
えっと
No Problem!
問題なかったデス☆
(ウソだけど)
テヘ
と、結局言ってしまいましてー…
うん…私もきっと言う…
あまり使わない単語を一生懸命覚えても
そっかータービュランスだったかー
使うときには覚えていない
あ〜調べたのは覚えてるんだけどな〜
じだんだ
この「完璧な英語を使おう」というのが間違ってたんですよねー
ええ〜なんでなんで?

column 1

完璧をすてる

「よし！　今年は英語をやろう！」

フレーズ本を買ってきて、1ページ目から順番に暗記していきます。

そしていざ、実際に使う「そのとき」が来た！

そこで、愕然《がくぜん》とするのです。

「全然覚えてない……」

こうして轟《ごう》沈する経験を、私は何度も繰り返してきました。

そして、本で覚えた完璧なフレーズを使いこなせる日は、いつまでもやってきませんでした。フレーズ本で表現を丸暗記するという勉強方法に限界を感じました。

それよりも、英語ペラペラの日本人が実際に話をしているときに使っている「言い換える力」に「へぇー！」「ほぉー！」と感嘆の声を上げたときのほうが、よっぽど吸収していたのです。

つまり、

実際に自分がうんうんうなって言葉を紡ぎ出す経験。

「うまい！」と思わず膝をたたきたくなる「言い換え」表現を耳にする＝視点を変える経験。

この2つの経験が、もっとも有効だと思うのです。

心構え❷

挫折英語への近道

今までの英語教育は
罠なんです…
わ…罠!?
ガショーン
「この日本語を英語にしなさい」
っていう勉強の仕方をするじゃないですか
そうですね
そうすると
自分の伝えたい単語(熟語)が英語にあるにちがいない
って思い込んじゃうんですよ。ないことも多々あるのに
えっ! ないことあります?
ありますありますね「親孝行」とか「冷え症」とか
「冷え症」という概念もないし…
親孝行はー…good son とか、かなあ

あー…「もったいない」も「mottainai」で単語が輸出されてますもんね
そーそー だけど
英語の勉強って“正解”のインプット重視で“受身”ばっかりだから
学校、フレーズ本 英会話学校 TV・ラジオの講座 み〜んな そう
これで育った人が実際の場面で固まっちゃう
……
正解にこだわる
コミュニケーションにならない
挫折
イギリスでひきこもり生活…
そうならないためには“正解”か“不正解”かは置いといて“伝わる”か“伝わらない”かが大切
トライ&エラーでいろいろ言い換えてみてどれかひとつが伝わればイイんです!!
おおー

column 2

挫折英語への近道

「正しい英語がわからないから……」

「知っている単語が少ないから……」

という口ぐせが、英語を話せないことの理由になっていませんか？

「正しい英語と、じゅうぶんな単語力が準備できたら、話せると思うんです」

「なので、そうなったら話そうと思います」


これは、じつは、「泳げるようになったら、水に入ります！」と言っているのと同じ。

「泳ぎ」にたとえると、すごく違和感を持ってもらえるのに、なぜか「英語」に関しては、そういう考え方をしてしまう人が非常に多い……。


じつは、**中学生レベルの知識があれば、結構話せてしまう**ものなのです。

話せないと思い込んでいるのは、実際に英語を言葉にして外に「出していない」から。

そしてさらに、インプットありき、辞書ありきのやり方には限界があるのです。

例えば、「迷う」という単語がわからなかったとき、「辞書に載っているはずだ！」と調べてみると、「hesitate/waver/vacillate」などと書いてあります。

しかし、

「2つのうちどっちを食べようか迷う」

と言いたいときにこの3つの単語のうち、どれを使えばよいのでしょうか。

実は、hesitate を選ぶと、「ためらう」という雰囲気になるので、2択で「迷う」場合は、hesitate ではなく、後ろの2つ（waver/vacillate）のほうが近いのです。

こんな判断、辞書を調べるだけでは、なかなか難しいのではないでしょうか。


なんとかして覚えたとしても、いざ次に使いたいとき、必要なときに出てこない。

辞書（知識）に頼っていては、この状況がずっと続くのです。

そうではなく、知識のインプットありきで考えずに、

I don't know what to do.（どうすべきかわからない）
I can't decide.（決断できない）

I can't make up my mind.（決められない）

と、わかる範囲で言ってみる。

これで、迷っている感じは出ていますよね？

「迷う」は辞書に載っていましたが、もしかしたら、載っていない単語だってあるかもしれません。

そういったときにも、この方法は有効です。

「いかに伝えるか」ということに集中する。

「こういう意味の単語があるはずだ」と思い込んで、インプット中心になるのではなく、アウトプット＝「いかに伝えるか」を考えてみてください。

心構え❸

3日で英語を話せる

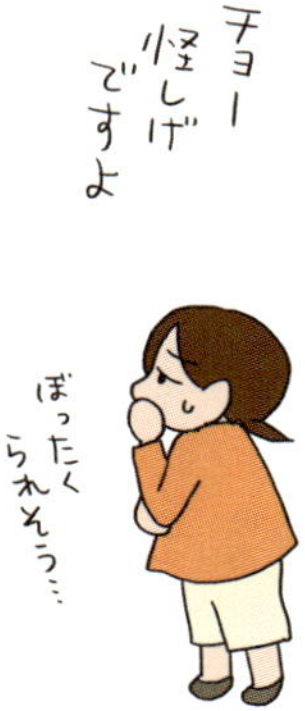
チョー怪しげですよ
ぼったくられそう…

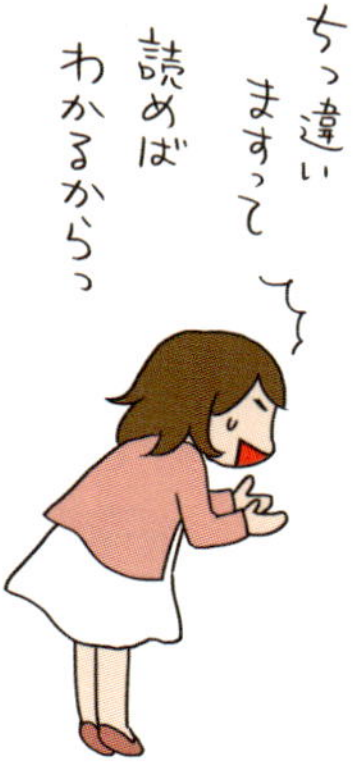
ちっ違いますって
読めばわかるからっ

イギリスは私の暗黒時代だったんですけど
全く話せず泣いて帰国…
イギリスは悪くないよね?
こりずに大学でアメリカに留学しまして
ゴォォォォ
パワフルだなー
日本ですらひきこもっている(出不精)
ある日、香港から来た同じく留学生がレクサスに乗っていて
これみよがしに見せつけていたんですよ
学生でレクサス…
これみよがしって英語だとなんて言うのかなあ…
He was like, "Look at this!"
見て見て!って感じだったね(笑)
アハハ
日本人
(のちのダンナ様)

ウロコ
そんな簡単でいいんだ!! それなら私も言えたじゃん!!
と、気づきまして
それなら私も言える思いつかないけど
これだけでしゃべれるようになるんですよ
×話せるようになる
◎話せることを知る
うーむ

column 3

3日で英語を話せる

「英語を話せるようになる」のではなく、「英語を話せることを知る」。

これが大切です。

それは、カルボナーラを作るとき、「材料からなにから全部そろえないと作れない！」と思うのではなく、「目の前にある粉チーズとコーンクリームの素でなんとか作れないか……？」と考えることに似ています。

つまり、**「工夫して、今手持ちのものをフルに活かせば、意外とできるんだ」という感覚**を持ってもらいたいのです。

例えば、「私の身にもなってよー！」と言いたいときに辞書をひいて、「Put yourself in my shoes.」を頭にインプットしたとしても、次話すときに覚えていないと（辞書がないと）、全く表現できません。

しかし、

If you were in my position, you would never say it.

（私の立場だったら、そんなこと言わないわよ）

という言い方でも、じゅうぶん本質の部分は伝わります。

この感覚をつかむと、劇的に話せるようになるのです。

イメージメソッド
image method
1

"地球儀"

直訳できなかったら
なんて言う？

地球儀

globe

（グローブ）

World map
（世界の地図）

とか

Like a ball

（ボールみたい）とか

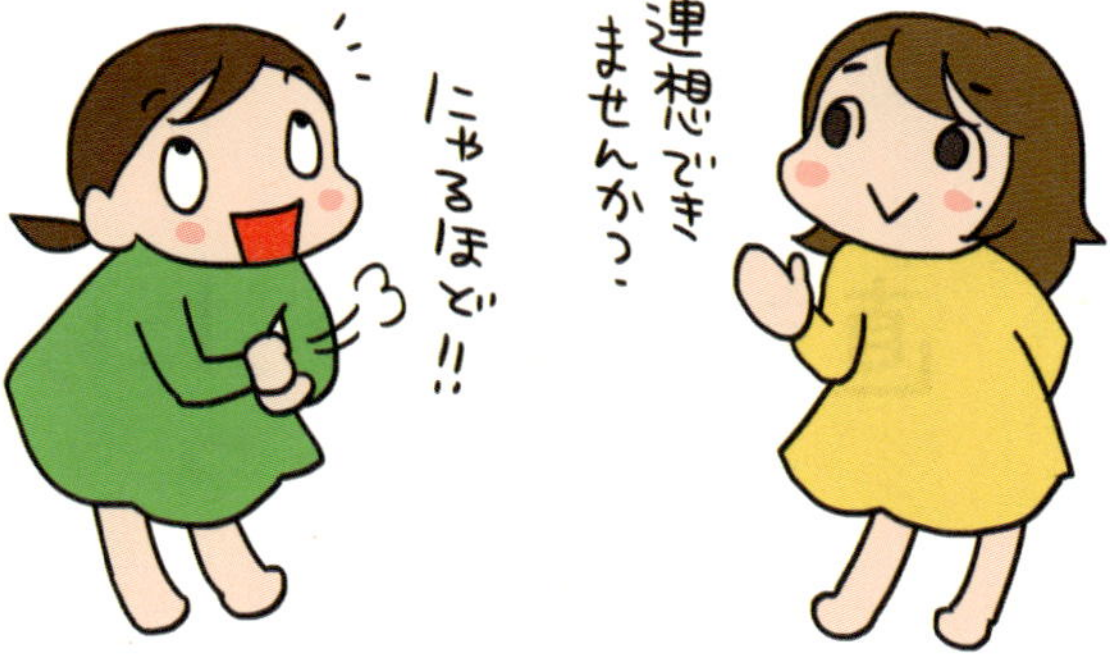

心構え④

伝える力を身につける

“伝える力”を養うことが、この本のコンセプトなんです
なるほど
例えば最初に出てきた“乱気流”がわからないから
turbulence《タービュランス》
ジェットコースターみたいだった
It was like a roller coaster.
でも
スムーズじゃなくて全然寝られなかった
The flight wasn’t smooth, so I couldn’t sleep.
でも
なんならジェスチャーでもいいんですよ
エアプレインアップダウン!!とか
アフレイド〜〜みたいな
それなら私でもいけますね!!

黙るより
100倍っ
伝わり
ますから!!
単語力が
足りないなら
イメージで
想像力で
情報伝達力で
ボディランゲージで
表情で
伝えてみて
ください
ボディランゲージと表情専門↓
語彙力《ごいりょく》の
呪縛から
逃れましょう

column 4

伝える力を身につける

「伝える力」とは、「いかに言い換えていくか」ということです。

そして、「英語を話す↓なんとか伝える」という意識の転換をしてみてください。

皆さんの目的は、「英語を話す」ことではなく、「言いたいことを相手に伝える」ということのはずですよね。

「正しい英語」にこだわるあまり、「えー……」と沈黙してしまい、頭の中で文章を組み立ててから言葉を発する日本人のスタイルは、外国人をイラつかせてしまうようです。

とにかく、正しい単語やフレーズを知らなくても、**「なんとか伝えよう」という気持ちを先に示すことが、何より大切**です。

そうしてみると、何も言わないより、何倍も通じたりします。

さらに、ていねいではない英語を話すと相手を怒らせてしまうのではないかと、悩む方がいます。

しかし、じつは、「笑顔が最上級のていねい語」だったりするのです。

「お上がりくださいませ」と無表情で冷たく言われるのと、ものすごい笑顔で「入って」と言われるのとでは、後者のほうが優しく感じるのではないでしょうか。

心構え5

集めるだけじゃ意味がない

英語の勉強って インプット重視で
単語 熟語 文法を 覚えまくる
たとえるなら…
RPG《ロールプレイングゲーム》で装備 ばっかりそろえて
コテ コテ
ピカ ピカ
ギラ ギラ
戦い方を 知らないみたいな…
ああっ エクスカリバーッ
(最強の剣)
投げるの かなっ
ザコキャラです
軽装備でもいい 経験値を上げて いきましょうよ
街を出て 冒険を！
ええ〜
コマンド
たたかう じゅもん
▶にげる どうぐ
ピッ
ザッザッザッザッ…

戦えよおおお
ひのきのぼう
英検2級落ちとんのやぞ!!
こんな軽装備で戦えるかあああっ
ぬののふく
※ゲームが適当ですが雰囲気で読んでください
いやいや中・高だけでもそれなりにもう持ってるんですって装備（英語力）
ほっ…本当にぃ〜!?
てもちのそうびで
まずたたかって
けいけんちをあげて
つかいかたを りかいして
いくだけです。
チャラララッチャッチャッチャー♪
装備がないならないなりの戦い方があります
何が「正解」なのかじゃなく何なら**自分は言える**のかそれが「すてるえいご」です
ステキーッ

column 5

集めるだけじゃ意味がない

TOEICで800点を取っても、話せない人がいます。知識は完璧！　隣で話す日本人の英語の間違いを、しっかり指摘できる。だけど、自分がいざ話そうとすると、言葉に詰まってしまう……。

そういう人、じつは結構多いようです。

そして、次にとる行動は、「単語の知識が足りないから、もっと語彙数を増やさなくては！」と、TOEIC900点を目指して猛勉強……。これ、笑えません。

知識の量ではなく、自分で紡ぎ出す力を養うべきです。

ロールプレイングゲームでいえば、経験値を上げて、武器を効果的に使う「技」を身につけるべきなのです。

「語彙数が足りなくて、言いたいことが言えないんです！」と嘆くTOEIC高得点の方、ぜひ、「すてるえいご」を活用してください。

心構え❻

正解はひとつではない

ハウアーユー
アイムファイン
センキュー
アンドユー

ぶ・ら・り
ハワイ
の旅
・・・・なんでハワイなんですか？
天気の話でもしようかと
マンガならどこでも行けるじゃないですか
なんか違うけど…
ダイヤモンドヘッド
ワタシ、ハワイ行ったことないんで…
アラモアナセンター
い〜い天気ですね〜
って英語でお願いします
イッ…

イッツ ア ファイン ディ トゥデイ
It's a fine day today!?
おー よくできましたー
ふーー
定番なので…
それ以外のフレーズでお願いします
ムーリーー
でーす
The sky is so blue～! (空が青いですね) とか
あ なるほど
So hot! (暑いねー!) とか
オオ～
I want to go swimming! (泳ぎたい!) でも サンシャインでも サニーでも
ウス!!
伝わるでしょ、正解はひとつじゃないですヨ☆

column 6

正解はひとつではない

「この日本語を英語に直しなさい」。学校では、こういう問題が出されます。その問題に対する正解はひとつで、間違うと点数はもらえません。

こうして、「正解がわからなければ0点」という考え方がすり込まれたのです。そのせいで、「正しいか、正しくないか」だけにとらわれた人がなんと多いことでしょうか!

でも、じつは、英語を使いこなすとき、「正解かどうか」ということは、あまり重要ではないのです。

英会話でもっとも大切なことは、「伝わるか伝わらないか」。

そして、**伝わる表現というのは「ひとつではない」**のです。

いろいろな視点で「自分の言いたいこと」の本質を見極め、それをいろいろな方向から表現する。それが「すてるえいご」のアプローチ方法です。

では、どうすればいろいろな視点を持てるのか。

次の章からは、「すてるえいご」の基本的な考え方である、「4大柱」について触れていこうと思います。

イメージメソッド
image method
2

"まくら"

直訳できなかったら
なんて言う？

まくら

pillow

(ピロー)

When I sleep
(寝るとき)

Under my head
(頭の下に置く)

Like a cushion
(クッションみたい)

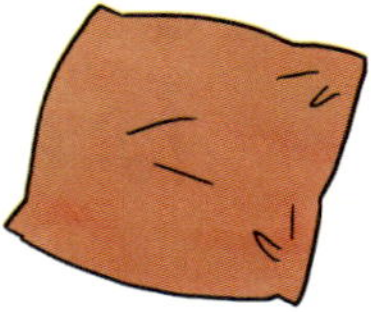

Part 2

言い換えの原則「4大柱」

4大柱❶

8割すてる

背脂のゲリラ豪雨や～
こってり…
それ英語でどーぞ
とんだやぶへびだよー
『背脂』も「ゲリラ豪雨」も知らんわー
スパーン
そういうときは8割すててください
8割も!?

2割
伝わればいいと思って…
本質を見極めてみて…
あぶらっこい
……かな
So oily《ソー オイリー》 …?
とか
A lot of oil《ア ロット オヴ オイル》 …
いーじゃないですか!!
本質つかんでます
残りの8割はニュアンスとしてすててみて!
2割で話しても8割相手に伝わります
こんなんもあるらしい
ジップの法則
文章で使われる単語の8割は、全単語数の2割にあたる頻出単語

8割すてる

「2：8の法則」と呼ばれるものがあります。

これは、「パレートの法則」とも呼ばれ、「成果や結果の8割は、その要素や要因の2割に基づく」というもの。有名なところでは、「全所得の8割は、2割の富裕層が持つ」などといわれています。

つまりコアな2割の部分が大切、ということです。

そして、このパレートの法則の特殊ケースとして、語学の分野でいわれているのが、「ジップの法則」です。英単語の使用頻度の法則で、2割にあたる頻出単語が全体の8割を占めるというニュアンスで使われることが多いです（正確には、出現頻度がk番目に大きい要素の全体に占める割合が$1/k$に比例するという経験則）。

「2：8の法則」が「語学にも当てはまるんですよ」とお話しすると、「出た！ 2

割の頻出単語を覚えろって言うんだ！」と思われる方が多いのですが、じつは、そうではないのです。

なんといっても、「すてるえいご」です。

とにかく「すてる」ことに意識を集中してください。

ズバリ、「8割すてる」勇気を持つこと！

「な、なんですってー!? 本気？ 8割すてるって……そんなことしたら、通じるところか何にも伝えられないよー！ そもそも、しっかりと伝えたいんだ！ 100％伝えたいんだー!!」

と、暴れたくなりますよね（笑）。

しかし、じつは、こういった考え方が、「伝わらない英語」になる原因なのです。

例えば、

「今日、ランチで焼肉定食を食べたんだ」

と言いたいとき、「焼肉定食」の持つ、こってり系、肉食系、ボリューミー、かつ、おやじテイスト（偏見？）なニュアンスをすてて、いかにシンプルに伝えるかが大切。
じつは、

I had beef for lunch.（肉を食べた）

というくらい、そぎ落としてシンプルにしたほうが伝わっちゃったりします。
これは最低限伝えるべき「本質」の部分だけです。

◎意識して、2割の「本質」を探る

「本質」の部分は、話したいことのだいたい2割くらいでしょう。
そして、残りの8割は「ニュアンス」の部分と割り切って、ばっさり切りすてることを意識してみてください。

この「2：8の法則」を応用すると、**2割で話しても、8割伝わります。**

実際、2割の本質がどこにあるのかを常に念頭に置いて英語を考えてみると、気持ちにとても余裕ができます。

その余裕が、「伝えられる力」につながるのです。

今、英語を話せないと思っている方の多くは、「伝えたいことを100%伝えられない！」という悩みを持っています。

この悩みすら「すてて」、そもそも100%伝えようとしないことを基本としてください。

100%通じることを目指さないことが重要です。

それが英語上達のコツなのです。

4大柱❷

大人語をすてる

大人語は　日本もアメリカも
およそ5万語!!
長い年月をかけて覚えるものです

アメリカでは5歳でも英語はペラペラ
使ってる言葉は約1000語
日本では中学生で習うレベルです

大人語をすてる

英語を話すとき、じゅうぶんな語彙を持っていると感じますか？

それとも、「知らない単語だらけ！」と感じていますか？

日本人の大人の日本語の語彙数は、およそ5万語といわれています。

これに対して、アメリカ人の大人の英語の語彙数も、諸説ありますが、同じく5万語ともいわれています。

しかし、この日本語の語彙数。

これって、30年、40年、50年かけて培ってきたもの……ですよね？

これを、英語でも同じ数だけ持とうとしたら相当な時間と労力がいると思いませんか？

ちなみに、高校の授業まで、しっかり英語を勉強してきた場合の語彙数というのは、約2000語といわれています。

5万語には、及びもつかない印象……（涙）。

しかし！　これに対して、アメリカ人の5歳児。

結構ペラペラです。先生とも意思の疎通が図れます。お友達と喧嘩だってできちゃいます。家族とも、しっかりコミュニケーションをとっちゃう。

そんな5歳児の持つ、英語の語彙数はいったい何語くらいだと思いますか？

じつは、**700~1000語ほど**というふうにいわれているんです！

これは、日本の中学校で習う語彙数とほぼ同じ。

日本の高校生の約半分。

そう。じつは、中学校レベルの英語力があれば、もう英語は話せてしまうのです！

ポイントは、「大人的」な日本語を、「大人的」な英語に変換しようとしないこと。

つまり、大人語をすてて……子供語に変換することです。

例えば、「賛成多数」と言いたいとき、「賛成？ **Approval?**」「多数？　ええっと……辞書、辞書……」なんて、そのまま変換しようとしないこと。

では「賛成多数」という大人語をすてて、何と言ったらいいのか？
子供語だと……、

Most people said yes.

と表現できます。
これも出てこなかったら、「本質の2割」を意識して、

A lot of people said yes.（多くの人がイエスと言った）

でも、じゅうぶんなはず。
「過半数」とか、そういう細かいところはとりあえず置いておいて、「多くの人がイエス」で、雰囲気もちゃんと伝わってきませんか？

皆さん、もう話せるだけの語彙を持っているんです！

自信を持って、「大人語」をすててみてください。


子供に質問されたとしたら、何と答えるか。

子供の語彙しか持っていないとしたら、どうやって話すかを考えてみましょう。


知らず知らずのうちに、「英語も同じように、大人語で話さなくてはいけない」と思い込んだ結果、「あー、この単語がわからない！」「自分の問題点は、単語力なんだ！」と負のスパイラルにはまってしまっているかも……。


「あれっ？　○○って英語で何て言うんだっけ？」と、止まってしまったときは、子供に「○○って何？」と聞かれたら、何と答えるか？

を考えてみてください。

意外と、自分の単語力で表現できる内容の多さに驚くかもしれません。

4大柱 ❸

直訳をすてる

「直訳」をすてて!
映像から英語にできそうな
ところを探してみて!

直訳をすてる

私のイギリス留学中、授業で動物園の話が出ました。

「キリン」を英語で何と言うのか、ぱっと浮かばず、落ち込んだこともあります（涙）。

「キリン」は **giraffe!**

「何度もやったのに！　なんで出てこないの？　もっとしっかり覚えなくちゃ！」

と、ひとつ覚えたところで思うのです。

じゃあ、リスは？　サイは？

とにかく暗記と記憶力を頼りに、コミュニケーションをとろうとしていました。

何かを言おうとして、その単語が思い出せない。日本語でも、よくありますよね。

英語だと、それが本当に多い気がしませんか？

英単語の場合、うっかり忘れているのみならず、そもそも何て言うのかすら知らない……。

そしていざ、何かを言いたいとき、その単語を知らないと慌てふためく。

辞書を使って、ひたすら「その単語の英語版」を探そうと躍起になると、なかなかその単語が見つからない。

見つかっても、発音の問題なのか、相手に通じない。

はたまた、時間がかかりすぎて、もう会話が違う方向へ。

みんなの話に置いてきぼりになっていたり……。

そのたびに、「自分は本当に単語力がない。なんとかしなくては！」と本屋に向かい、単語を覚えるための本を購入。ひたすら、単語を覚えることに専念。


かくいう私も、「英語力は単語力」だと信じて疑いませんでした。

しかし、案の定、このスタイルでいくと、それほど暗記能力の高くない私はすぐに挫折。

「だけど、これを克服する方法なんてあるの？　単語、知らなかったら、覚えるしかないじゃん！　それ以外にどうしろっていうのよ！　だって、とにかく『覚えろ』と言われ続けてるし……」と悩みは大きくなる一方。

そこで「単語力ないんだけど……」と相談すると、「英字新聞を読んだらいいよ！」とか、「とにかく単語帳で１５００語くらい覚えたらいいよ！」などという、覚えることありきのアドバイス。

けれども、「英単語」を知らないと、本当にコミュニケーションはできないのでしょうか？　日本語で表現できるものすべて、その英語版を知らないと、相手に何も伝えることはできない？

答えは……Ｎｏ。

「日本語→英語」がわからないときに、辞書がなくても、自分の言いたいことを伝えることができちゃうんです！

じつは、「辞書」ではなくて、使うのはこっち

日本語と英語の間に、「映像」を入れてみる。

つまり、「日本語→映像→英語」という方法。

「キリン→**giraffe**」

ではなく、

「キリン→映像」

という順で、最初に頭の中にキリンの絵を思い浮かべます。

そして、その映像の中で英語にしやすいところを探し出して、それを伝えてみてください。例えば、

「A tall animal」 背が高い動物で、

「Long neck」 首が長くて、

「Yellow」 黄色だよ。


と伝えてあげれば、相手は「キリンのことかな?」とわかってくれます。

また、**「giraffe?」** と聞いてくれる=答えを教えてくれるかもしれません。

ポイントは、わからない単語、直訳に固執しないこと。
そして、頭の中に描いた絵の中で、どこかしら英語にできないかを探してみること。

とにかく、言葉を発して相手の語彙力を使いながらコミュニケーションをとることを心がけてみてください。

会話の流れを止めて、完璧な単語を伝えても会話は盛り上がりません。
完璧主義をすてる。
そして、伝わる楽しさを感じてほしいのです。

イメージメソッド image method 3

“冷蔵庫”

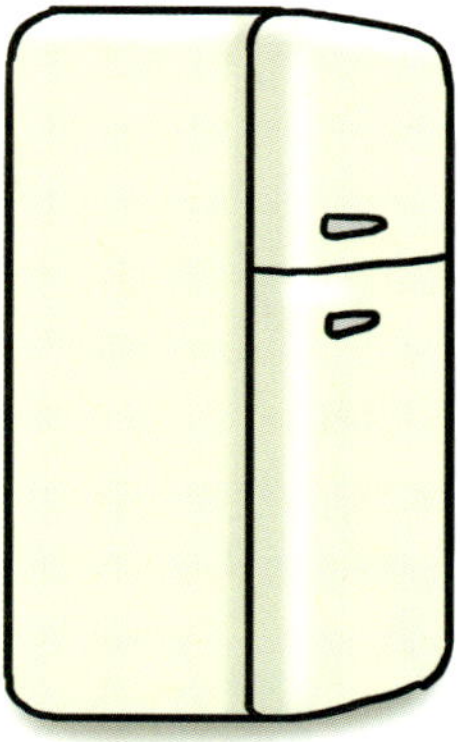

直訳できなかったら
なんて言う？

冷蔵庫

refrigerator

（リフリッジレイター）

In the kitchen

（キッチンにある）

Big box

（大きい箱）

Cold food inside

（冷たい食べ物が入ってる）

4大柱④

抽象語をすてる

「弱音を吐く」って英語でわかります？
わかるわけなし!!
弱音って何？
まー大変!!
どうもね会社行きたくないって言ってるらしいわよ
あら～
「会社行きたくない」は？
He said… "I don't want to go to work"
かな…
最後にanymoreつけるとイイですよ
ひきこもっちゃってるんですって!!
ひきこもって何してんのかしら
ゲームですってよ ゲーム!! 毎日!!
んまー!!
「ひきこもり」は？
イン ヒズ ルーム…
えーえー
そうそう!! で何してるって？
He is playing video games… all day… in his room?
Good!!
井戸端会議はすばらしい!! 具体的!!
根掘り葉掘りでえげつないってことですね
抽象語をすてて
出来事 事実 発言ベースで
英語は話せる!!
「弱音を吐く」とか「ひきこもり」のことですヨ
頭の中で井戸端会議をすればイイと

抽象語をすてる

イギリス留学中、単語力のなさに自信をなくした結果、さんざん弱音を吐いて、ひきこもっていた私でした（涙）。

とにもかくにも、知らない単語が多すぎ！

例えば、前の文章の「弱音を吐く」。

辞書をひくと、

「**show the white feather**」

と載っています。

皆さんは、これ、知っていましたか？　私は、知りませんでした……。

知らない表現は、とにかく「単語」を覚えることで、コミュニケーションの幅を広げようとしていました。

そして、常に辞書を片手に、会話をする。

けれどもあるとき「ひきこもる」を調べてみたら、当時、私の持っていた辞書には載っていませんでした。

ここで、行き詰まるのです。わからない言葉を調べる唯一の方法、「辞書」が機能しないからです。

こういう場合、他に解決の方法なんてあるの？

じつは……あるのです！

単語がわからないときは、「抽象語をすてる」

です。

抽象語をすてたあと、どうするのかというと、スマートで完璧な言い回しにこだわらず、

「出来事・事実・発言ベースで」

話をしてみてください。

「弱音を吐く＝**show the white feather**」ではなく、

弱音を吐く

↓

どんな発言をしたのか？

↓

「もう学校に行きたくない」と言った

という流れで、発言ベースで、より具体的な場面を思い浮かべます。
例えばここなら、以下のように伝えます。

I said, "I don't want to go to school anymore".
（「もう学校には行きたくない」と言った）

これでじゅうぶんに、弱音を吐いている様子を伝えることができます。
「ひきこもっていた」ということを表現したいときは、

ひきこもる
↓
具体的には何をしていた？
↓
一日中部屋にいた

というふうに、事実ベースで具体化していきます。

I was in my room doing nothing all day long, and didn't go to school.

（学校には行かずに、一日中部屋にいて何もしなかった）

これで、外に出ることなく、ひきこもっていたという事実が伝わります。

ポイントは、わからない単語、表現に固執しないこと。

頭に浮かべた具体的な出来事・事実・発言で、どこかしら英語にできないかを模索してみること。これがポイントです。

4大柱の関係性

ここまで、「8割すてる」「大人語をすてる」「直訳をすてる」「抽象語をすてる」という4つの柱をお伝えしてきました。

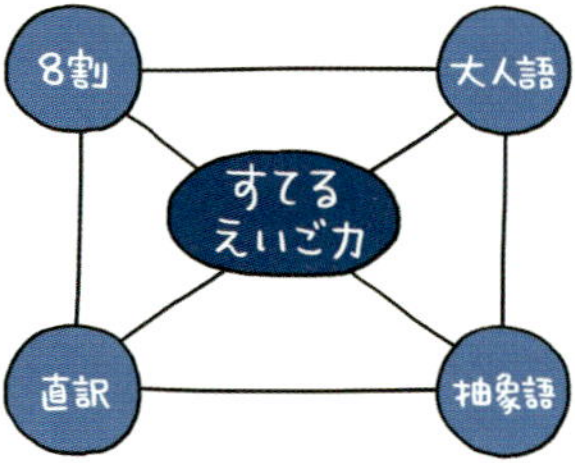

じつは、「すてるえいご力」を駆使して話すとき、この4つの柱はそれぞれが密接に関係していることを知っておく必要があります。

それは、上の図のような感じ……。

ひとつひとつ、独立して存在しているのではなく、それぞれをミックスさせながら、いろいろなアプローチをしていく。どうか、これらを自由に組み合わせて、「すてる力」をアップさせてくださいね。

ゆか23歳 アメリカのレストランにてー
Super《スーパー》 salad《サラダ》?
イッ…
Yes!
何それ 何が一体 スーパーなの?、超〜気になる!! ぜひ頼まねば
Super《スーパー》 salad《サラダ》?
Yes《イエス》! please《プリーズ》!
Soup《スープ!》 or《オア!》 Salad《サラダ》!?
あ…

Part 3

魔法のボックス

言い換えトレーニング編

すてる力を身につける「魔法のボックス」

ここまで、「すてるえいご」の考え方と、アプローチ方法（4大柱）をお伝えしてきました。

ここからは実践編として、皆さんに「**すてる力**」を身につけていってもらいたいと思います。

「英単語がスッと出てこない！」という状況を切り抜ける技術を身につけていってください。

まずは、これまでの「すてるえいご」4大柱を駆使して、練習する方法をお伝えします。

それは、この「魔法のボックス」を使ったものです。

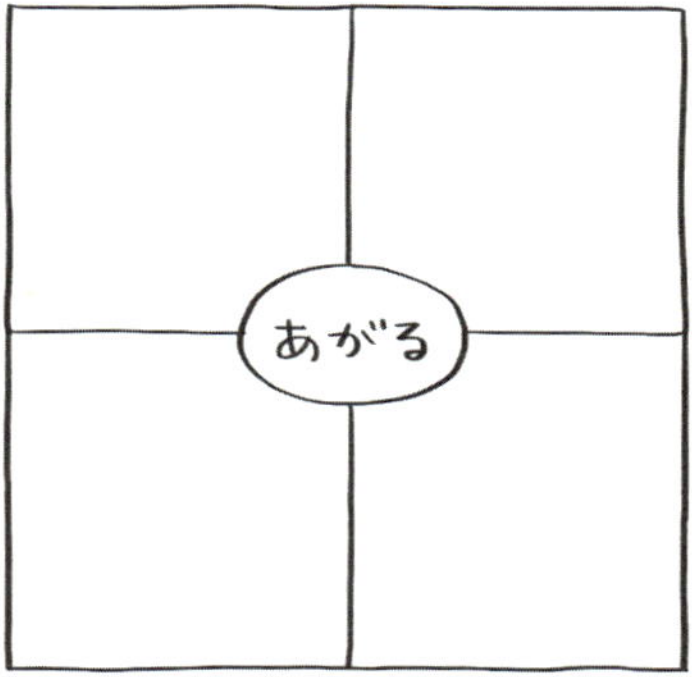

この、魔法のボックス……すごいのです。
日本人の英語勉強法に革命を起こす！　と私は思っています。
理由は次の３つ。

- **人間の「穴があったら埋めたくなる性質」を利用（やめられなくなる！）**
- **クリエイティブになる**
- **正解がない！**

早速、使い方を説明しましょう。

まずは、このボックスの真ん中に、「英語にしたい言葉」を入れてみてください。

次に、そのまわりの４つのボックスに、１、２章で説明した「すてるえいご」を使って、「英語にしたい言葉」をいろいろな表現方法で記入していきます（慣れるまでは、最初は日本語でもかまいません）。

人は、穴があると埋めたくなる、という習性があります。

その習性をうまく活かして、どんどん空欄を埋めてみてください。


ポイントは、とにかく「すてる」こと。

「すてるえいご」4大柱を駆使して、ご自身のイメージを広げて埋めてみてください。

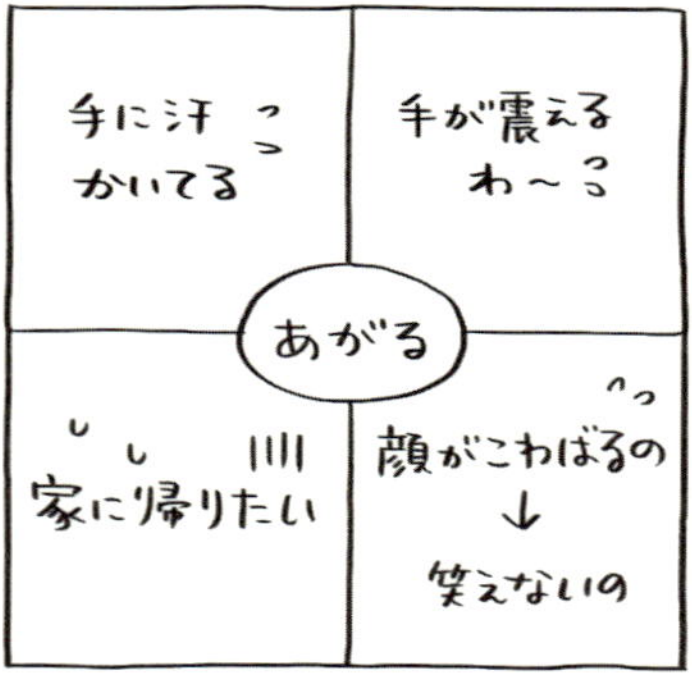
手に汗かいてる
手が震えるわ〜
あがる
家に帰りたい
顔がこわばるの
↓
笑えないの

例えば、「あがる」という言葉を、魔法のボックスを使って広げてみましょう。

このボックスの真ん中に「あがる」と日本語で記入します。

次に、「これからプレゼンテーションをするので、すごくあがっちゃってるんだ……」というシーンをイメージします。

まず、直訳をすてて、頭に浮かんだ映像を表現してみましょう。

「手が震えている」

「手に汗をかいている」

という具合です。

「あがった結果、どういう状態の自分が思い浮かぶか」、そして、「その映像の中で英語にできるところはどこか」という点に着目して、表現方法を広げていきます。

そして、それを英語にしてみます。

My hands are sweating.
My hands are shaky.
あがる
I want to go home.
I can't smile.

このように、「直訳をすてる」ことにプラスして、「大人語をすてる」＝子供語を使うこともあるでしょう。

例えば、「顔がこわばっている」という映像を表現しようとしたとき……。

「こわばる」という表現がわからなかったら、子供に「ねえねえ、顔がこわばるってどういうこと？」と聞かれたと仮定するのです。

すると、「笑えない」と子供に答えることができるかもしれません。これが子供語です。

それでもじゅうぶんに伝わる、ということです。

さらに、自分の脳内で井戸端会議が行われていると仮定します。「井戸端おばさん」にいろいろ突っ込んでもらいます。

「私、めちゃめちゃあがってるみたい！」

「あがってるって、あんた、どんくらいあがってるのよ？」

「家に帰りたいくらい！」

と、脳内のおばさんと話をするように、広げることができるかもしれません。

もしも、この「子供語」「井戸端会議」のように会話をしても出てこない場合は、「出来事・事実・発言ベース」で考えてみます。

「あがった人は、何を言うだろう？」

「あがった人は、何をするだろう？」

という観点で広げてみてください。

そして、できそうであれば、英語に変換してみてください。

これを毎日、いろいろな場面で広げていくことで、頭が柔らかくなり、「ひとつの表現に固執した結果、単語が出てこない！」という状況から抜け出せるようになります。

とにかく、**意識すべきは、WHATではなく、HOW。**

WHAT＝「何が正解なのか」を追い求めるのではなく、
HOW＝「何なら表現できるのか」を常に意識してみてください。

ここまでが、魔法のボックスの使い方です。

英語の勉強でつらいのは、フレーズ本を読んでいても、「正解はひとつ」でそれを覚えるか、覚えないかという形式になっていること。

暗記ありきなので、きついし、覚えられないし、せっかく覚えてもすぐに忘れてしまいます。

ここでは、はなから暗記しよう！　と考えないで、まず自分で広げる努力をしてみてください。

すてるえいごは、「正しいかどうか」ではなく、「伝わるかどうか」が大きな価値基準。

「これって、正しい英語なのかな」と悩んで、黙ってしまうことは禁止。言ってみて、「伝わるかどうか」に意識を向ける。

伝わらなかったら、４大柱を使った言い換えをすればよいだけなのです。

また、いつも「言いたいこと」に対して、４つくらいの表現を考えておくと、本番で非常に役に立ちます。

英語で話していて苦しいのは、言いたいことを覚えたフレーズを使って話してみたものの、いまいちスッと通じなかったときです。

相手に「What?」と聞かれて、「自分の英語は通じない！」と怖じ気づいてしまうことが多々あります。

しかし、**「ひとつしか表現する方法がない」と思い込んでいるから止まってしまい、困ってしまう**のです。

4つくらいの言い換えを常に考えておくと、ひとつがだめでも2つ目、3つ目、4つ目……とトライ&エラーができ、会話が止まることがありません。

それが、自信につながっていくでしょう。

また、本書で魔法のボックスのトレーニングとしてあげている解答例は、決して「これ以外は不正解!」というものではありません。

この中から、どれかひとつでも「これなら言えるかも……」と思うものを見つけてみてください。どれかひとつでよいのです。

ここに載っていない他の広げ方でも、もちろんOK。

ぜひ、無限の可能性に気づいていてください!

では実際に、「すてるえいご」力を応用していきましょう！
ヒントの例文を参考に、残り3つを言い換えてみましょう！

※日本語訳は、「表現方法を広げる練習」を意識してほしいため、意訳にしてあります。

※I was like, ～（～って感じ）
という表現は、口語表現なので、友達と話しているときなどに使ってくださいね。

Q1 一目置く

▶「彼には一目置いているんだ」と言いたいとき

このような言い換えができますね

キーワード

一目置く

I respect him.

彼のこと尊敬しているよ。

I think he is really great.

彼、本当にすごいと思うわ。

I want to be like him someday.

いつか、彼みたいに
なりたいんだ。

I wish I were like him.

彼みたいに
なれたらいいのに。

一目置いている「彼」について、
何を言いそうか……そこを考えてみて。
「一目置く」を辞書で調べると、
「acknowledge someone's superiority」
というイディオム(慣用句)があるわよ。

Q2 息が合う

ピタッ
ピタッ

▶「彼らは息が合ってる」と言いたいとき

They are really good partners.
彼ら、本当にイイパートナーだよね
ウンウン
キーワード
息が合う

They are really good partners.

彼ら、本当に
いいパートナーだよね。

They both know what the other person is thinking.

お互いが何を考えてるのか、
2人ともわかってるよね。

キーワード

息が合う

They know each other very well.

それぞれがすごくお互いの
ことわかってるよね。

He knows what she wants and she knows what he wants.

彼は彼女の欲しいモノが
わかっていて、彼女は彼の
欲しいモノがわかっている。

息が合っている2人からは、何がわかるかしら？
ズバッと言うと、
「have a great chemistry」よ。

Q3 足を引っ張る

▶「彼は私の足を引っ張る」と言いたいとき

キーワード
足を
引っ張る

キーワード

足を引っ張る

He didn't let me do it.

彼、僕にそれをさせてくれなかったんだ。

He knew I needed his help, but he never did anything.

彼は僕が助けを必要としているのを知っていても、決して助けてくれなかった。

He said to me, "You can't do it. It's too hard for you."

彼は僕に「君には無理だ。難しすぎる」と言った。

When I tried to do it, he caused so much trouble.

僕がそれをしようとすると、彼はいっぱい問題を起こすんだよ。

足を引っ張られるというのは、どんなことをされることか、どんな発言が足を引っ張っているように感じるかを考えてみて。ズバッと言う場合は、「get in my way」で「じゃまをする」と表せるわ。

Q4 甘い①

He loves his daughter too much.

娘、愛しすぎ

キーワード

甘い①

He loves his daughter too much.

彼、娘を愛しすぎよ。

His daughter controls him.

娘がパパをコントロールしているよ。

キーワード

甘い①

He can't say "No" to his daughter.

彼、娘にノーと言えないんだ。

He buys whatever his daughter wants.

彼、娘が欲しがるもの何でも買っちゃうの。

甘いパパがしそうなこと、
言いそう・言わなそうなことを表現してみて。
ズバッと言うと、「甘い」から「溺愛する」と
考えて「dote」、「寛大な」と考えて
「indulgent」となるわ。

イメージメソッド
image method
4

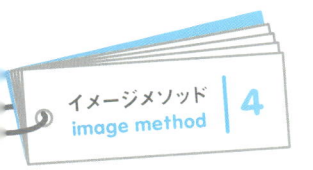

"宇宙飛行士"

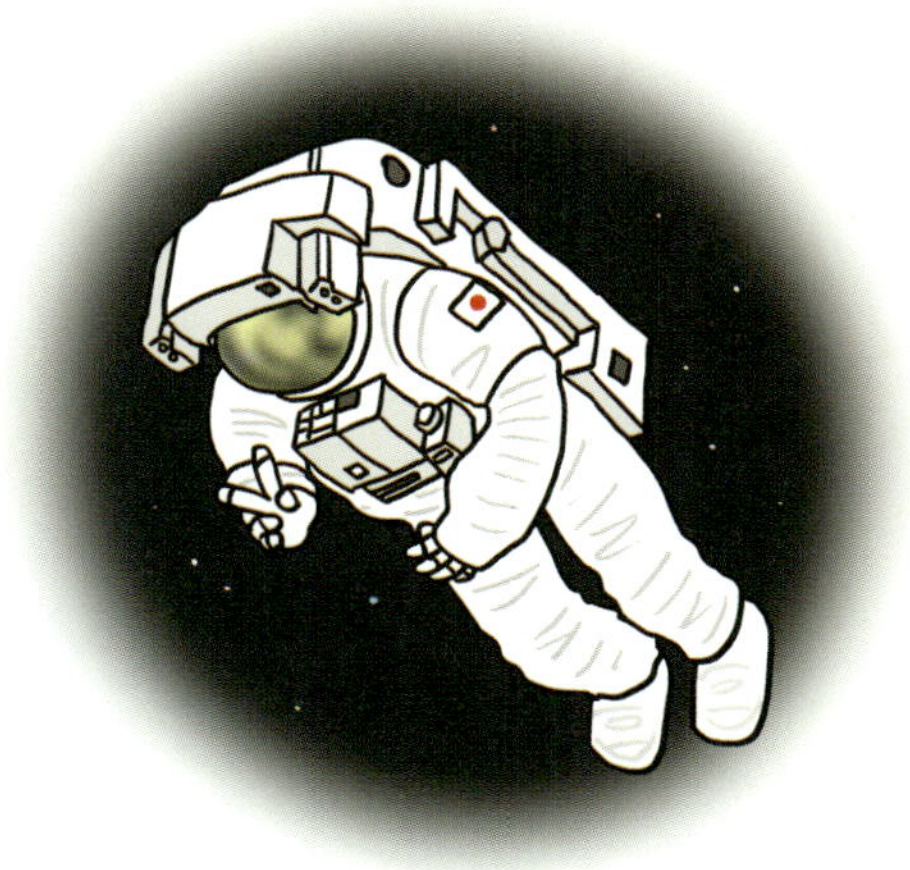

直訳できなかったら
なんて言う？

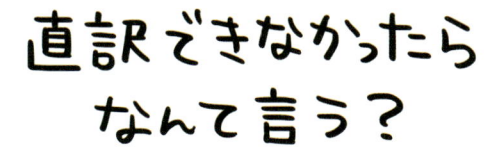

宇宙飛行士

astronaut

（アストロノート）

A job（仕事）
Rocket to the moon
（ロケットで月へ）
White suit
（白い服着て）
Helmet（ヘルメット）

Q5 あがる

幼少期は笛のテストで
ビブラートきかせてた
ピー
ピョロ
ガクガク
ブルブル

▶「めちゃめちゃあがってる」と言いたいとき

My legs are shaky.
足がガクガク
だよ〜〜

キーワード

あがる

キーワード

あがる

My legs are shaky.
足がガクガクだよ。

My hands are sweating.
手が汗だくだ。

I want to go home.
家に帰りたいよー。

I can't smile.
顔がひきつるわ。
(→8割すてて
「笑えない」でもOK)

あがっている人はどんな状況か、
その人がしそうな発言を言葉にしてあげると
伝わるわね。
ズバッと「あがる」を表現したい場合は、
「get stage fright」(人前で話すことに
対する緊張)という言い方ができるわ。

Q6 甘い②

ああっ考えが
甘かったー
夜中にチョコはダメだったー
の、甘いです
スイートじゃないです

▶甘さゆえのミスを悔やむとき

It's all my fault.
全部自分のせい
ああ自己責任…

キーワード

甘い②

キーワード

甘い②

It's all my fault.

全部、俺のせいだ。

I made a mistake because I didn't think hard enough.

俺、よく考えてなかったからミスをおかしたんだ。

I didn't know anything about the real world.

現実というものを何も知らなかったのさ。

I thought I could have done better.

もっとできると思ったんだけどな。

「甘かった……」と落ち込んでいる人がどんな発言をしそうか考えてみて。ここでは、「shortsighted」(短絡的な)という単語が使えるわ。

Q7 頭が上がらない

奥さんに
頭上がらないヨー
これ言える人
器大きいと思う

He can't say "No" to his wife.
彼は奥さんにNOと言えない

キーワード
頭が上がらない

キーワード

頭が上がらない

He can't say "No" to his wife.

彼、奥さんにノーと言えないんだ。

What he has to do is obey his wife.

彼がしなくちゃいけないことは、奥さんに従うこと。

He forgot his wife's birthday. He doesn't know what to say.

彼、奥さんの誕生日を忘れたんだ。何て言っていいかわからないんだよ。

He has to follow her orders because she keeps him under her control.

彼は彼女の言うことに従わなきゃいけないんだ。彼女が彼を支配してるからね。

頭が上がらないダンナさんは、
どんなことをしたり、
何を言えなかったりするかを考えてみて。
ズバッと言うと、ちょっとくだけた言い方
だけど、「be in the doghouse」で表せるわ。

Q8 足が出る

予算オーバーの
ほうです
ブブー
チラッ

I spent too much.
お金使いすぎた…

キーワード

足が出る

I spent too much.

お金使いすぎちゃった。

I didn't have enough money.

じゅうぶんなお金が
なかったんだ。

キーワード

足が出る

I planned to spend ¥10,000,
but I spent ¥20,000.

1万円しか予定してなくて、
2万円使っちゃったよ。

I spent more than I planned.

計画してたよりも、
多く使いすぎちゃった。

具体的な数字を言うのも手。
「予算」という言葉を知っていたら、
「over budget」や「exceed the budget」
と言えるわね。
イディオムで言うと、「run over」が
「足が出る」の直接的な表現よ。

イメージメソッド
image method 5

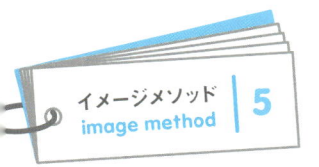

"おむつ"

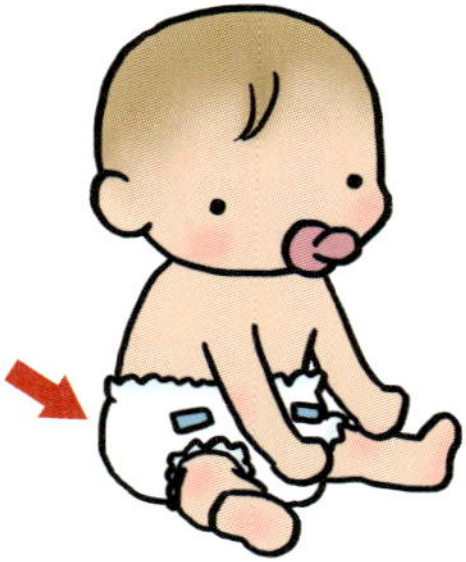

直訳できなかったら
なんて言う?

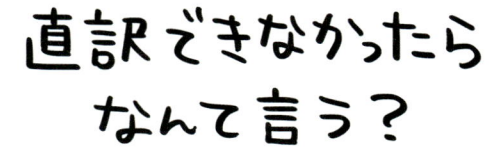

おむつ

diaper

（ダイパー）

Baby underwear

（子供の下着）

Made of paper

（紙で出来ている）

Disposable

（使いすて）

ディスポーザブルって
医療用語で
よく聞きますよね
やっぱ衛生がー
そうですね
注射器とか手袋とか
コンタクトレンズとか

Q9 いい気になる

これは
気分良くなっちゃって
ますんでブーです
feel good…?
ぐっ

▶「彼、最近いい気になってるよねー」と言いたいとき

He doesn't listen to anyone.
彼、誰の言うことも聞かないのよね

キーワード

いい気になる

He doesn't listen to anyone.

彼、誰の言うことも聞かないんだ。

He seems to believe he is perfect.

彼、「自分は完璧」って信じているように見えるんだ。

キーワード

いい気になる

He is like, "I can do everything!"

彼は、「俺、何でもできるし〜」って感じ。

He acts like a king, but other people don't think he is a king.

彼は王様みたいに振る舞っているけど、みんなはそうは思っていないよ。

「いい気になってる」人はどんなことを考えていそうかしら？
自信過剰という言葉を知っていたら、
「He has been over confident.」でもOK。
「He is full of himself.」だと傲慢な感じよ。

Q10 行き当たりばったり

旅行って計画的に予定たてます？
いいえー
現地で聞きゃいっかって
荷物も最低限です
現地で買やあいっかって

I never prepare when I go on a trip.
いつも旅行に行くのに準備しない
ボケッ

キーワード

行き当たりばったり

I never prepare when I go on a trip.

いつも旅行に行くのに準備をしないんだ。

I decide where to go and what to eat at that moment.

どこに行くか、何を食べるかは、その瞬間で決めるんだ。

キーワード

行き当たりばったり

I never check information before traveling.

いつも旅行前に、何も情報をチェックしないんだ。

I don't make plans about where to go and what to eat while traveling.

どこに行くか、何を食べるかについて、旅行中に何も計画しないんだよ。

「行き当たりばったり」は、
「計画しない」=「I have no plan.」と
言い換え可能。
イディオムで言うと、「go with the flow」とか
「on the spur of the moment」になるわ。

Q11 痛くもかゆくもない

▶「君の言うことなんて痛くもかゆくもないよ」と言いたいとき

キーワード
痛くもかゆくもない

キーワード

痛くも かゆくも ない

It is nothing to me.

そんなの何でもないよ。

Whatever you say, it doesn't matter to me.

何を言おうと、
問題じゃないよ。

I don't care what you said.

君の言うことは、
気にもならないよ。

It doesn't affect me.

何にも感じないね。

「気にもならない」「何でもない」と いうことを、どこまでシンプルに表現できるか がポイント。
「It's no big deal.」や 「It doesn't bother me at all.」なんか でも伝わるわ。

Q12 いまいち

Now《いま》 one《いち》

でないことだけは確かです

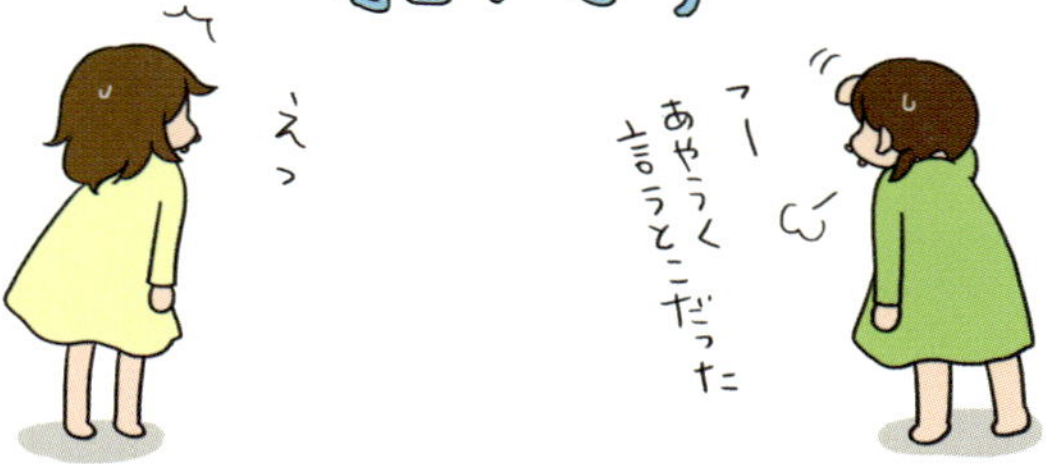
えっ
フー
あやうく言うとこだった

It's not good enough.
じゅうぶんじゃない
んー
キーワード
いまいち

It’s not good enough.

じゅうぶんじゃないんだ。

I think it is OK, but
I expected more.

まあいいとは思うけど、
もっと期待してたんだよね。

キーワード

いまいち

I can’t say it is the best.

これがベストとは言えないな。

You can do better
than this.

もっとできると思うんだよね。

「いまいち」を「何かが欠けてる」と考えると、
「It’s lacking something.」
とも言えるわね。
あとは、
「not the greatest」=「最高ではない」と
表現することもできるわ。

イメージメソッド 6
image method

"大根"

直訳できなかったら
なんて言う？

大根

radish

（ラディッシュ）

White vegetable

（白い野菜）

Leaves on top

（上に葉っぱがついている）

Shaped like a carrot

（形は人参みたい）

ラディッシュはカブでは？
同じです
ジャパニーズラディッシュって言ったりもします

Q13 言わぬが花

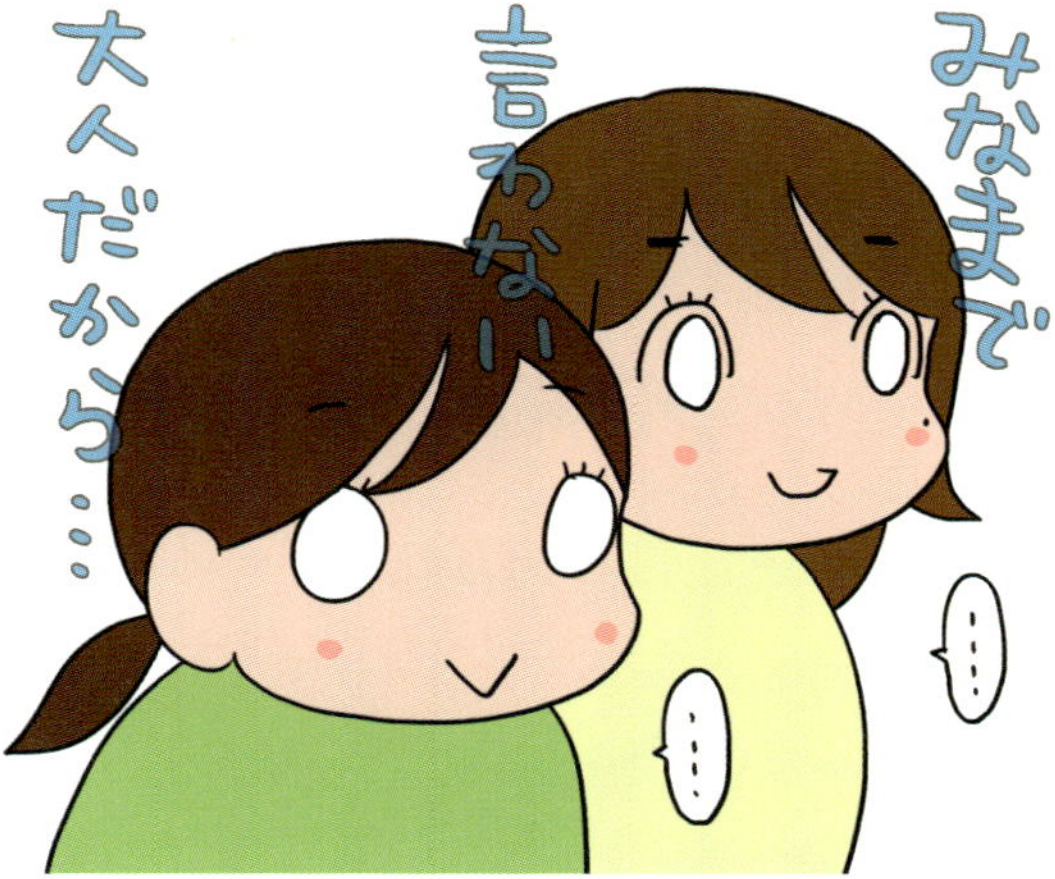

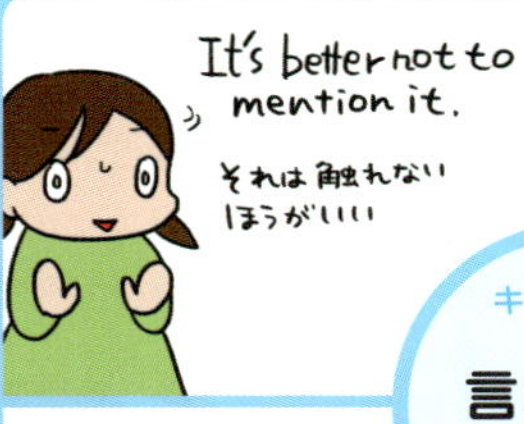

キーワード

言わぬが花

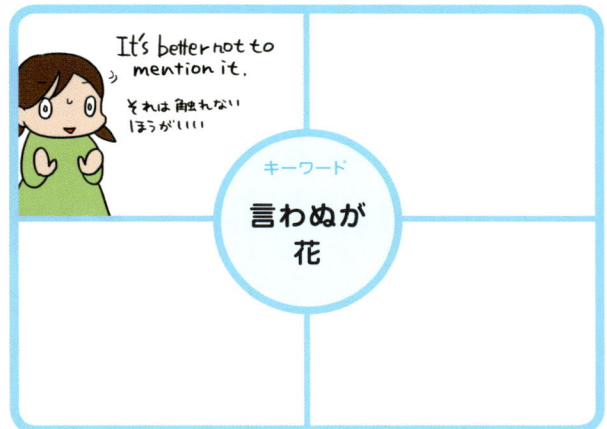

It's better not to mention it.

それは触れないほうがいいよ。

You don't need to say that.

それを言う必要はないんだよね。

キーワード

言わぬが花

You should keep your mouth shut.

黙っとき。

You should not say that.

それ、言うべきじゃないよ。

言わぬが花とは、物事は露骨に言ってしまっては興醒めするものであり、黙っているほうがかえって趣があったり、値打ちがあるものだというたとえ。(「故事ことわざ辞典」より)

↑このニュアンスを8割すてて、「つまり、何が言いたいのか」ということを考えてみて。「Silence is golden.」という格言もあるわ。

Q14 右往左往する

あわわ
あわわ
ゆか先生との待ち合わせに遅れるぅ〜
右へ行くべきとき左をチョイスするタイプ…

I panicked.
パニックになっちゃったよ
キーワード
右往左往する

キーワード

右往左往する

I panicked.

パニックになっちゃったよ。

I was confused and didn't know what to do next.

混乱してしまって、次に何をすべきかわからなかったんだ。

I was too confused to do what I was supposed to do.

何をすべきか、混乱しすぎてわからなかったんだ。

I couldn't stay calm.

穏やかではいられなかったよ。

右往左往した人が、なぜそうなったのか、どういう心境なのかを客観的に表現してみて。「run around like a chicken with its head cut off」なんていう表現もあるのよ。

Q15 打つ手がない

その孫の手で何するつもりです?

There is nothing I can do.
できることが何もない

キーワード

打つ手がない

There is nothing
I can do.

できることが何もない。

If I were a genius,
I would think of
something.

もしも天才だったら、何か
思いつくかもしれないけど
……。

キーワード

打つ手がない

I have no idea what
I should do.

何をすべきか
全然わからないよ。

I don’t know what to do.

どうしていいのかわからない。

「対処法がない」などと大人語に変換して
考えてしまうと表現を広げにくいので、
子供語に変換してみて。
「打つ手がないってどういう意味?」と
子供に聞かれたとき、なんと答えるかしら?
「I have no options.」でもいけるわね。

Q16 頭を抱える

I am holding my head!
これも直訳ダメなタイプのやつ

I don't know what to do.
どうしていいかわからないヨ〜〜

キーワード

頭を抱える

キーワード

頭を抱える

I don't know what to do.

どうしていいかわからないよ。

I can't find the way out.

解決法がわからない。

I really want to escape from this problem.

本当にこの問題から逃げ出したいよ。

I have been thinking for a long time, but I can't find a solution.

長らく考えていたけど、解決方法が見つけられないんだ。

頭を抱えた人が言うコメントを考えてみると、スッと出てくるかも。
「It's such a headache.」でも伝わるわ。

イメージメソッド
image method
7

"浮き輪"

直訳できなかったら
なんて言う？

浮き輪

swim ring

（スイム　リング）

Like a donut
（ドーナッツみたいな）
In the swimming pool
（プールの中）
For children who can't swim（泳げない子供用）

Q17 上の空

キーワード

上《うわ》の空

He said "A-ha," but obviously he wasn't listening.

彼、「うん……」とは言うけど、明らかに聞いていないの。

I wish he would listen to me seriously.

彼がもっと真剣に話を聞いてくれたらいいのに……。

キーワード

上の空

He was thinking about something else while I was talking to him.

私が話しかけても、彼、何か違うことを考えているのよ。

He is physically here, but his mind is not.

彼、体はここにあるけど、心はここにあらずよ。

「上の空の彼」はどんなことをするのかしら？
ズバッと言うと、
「His mind is elsewhere.」よ。

Q18 大目に見る

大目に見てくれないかなー
〆切…
ムリか

▶「彼のこと、大目に見たよ」と言いたいとき

も〜
I said to him, "This time it's OK."
彼には「今回に限り、よしとしよう」と言ったよ

キーワード
大目に見る

I said to him,
"This time it's OK."

彼には、
「今回に限り、よしとしよう」と
言ったよ。

He was too careless. I told him it's OK, but this would be the last time.

彼、不注意すぎる。
彼には、まあ今回はいいが、
これが最後だ、と言ったよ。

キーワード

大目に見る

I ignored what he had done this time.

今回は、彼のしたことを
見て見ぬふりをしたよ。

I hope this won't happen again.

こんなことはもう起きないと
望むよ。

「大目に見た上司」は、
どんな発言をするかしら？
「大目に見る」をズバッと言うと、
「I'll let it pass this time.」よ。

Q19 お人好し

キーワード

お人好し

She is too kind.

彼女、親切すぎるよね。

She is so innocent that she is always deceived.

彼女は純粋すぎて、いつもだまされるんだ。

キーワード

お人好し

She always believes everything.

彼女、いつでも何でも信じちゃう。

She never says no to anybody.

彼女、誰に対してもノーと言わないんだ。

「お人好しな彼女」が信じていそうなことや、
しそうな発言を考えてみて。
「お人好し」をズバッと言うと、
「a hopelessly softhearted person」よ。

Q20 口が堅い

それもう
口じゃなくて
顔全部ですやん

He can keep a secret.
彼、秘密を守れるよ
キーワード
口が堅い

キーワード

口が堅い

He can keep a secret.

彼、秘密を守れるよ。

I can trust him.

彼は信用できる。

I said, “Don’t tell anybody,” and he said he won’t. I believe him.

彼に「誰にも言わないで」と言ったら、彼は「言わない」と言ったの。私は、彼を信じるわ。

I believe he is not going to tell anybody this secret.

彼がこの秘密を誰にも言わないことを、信じるよ

「口が堅い人」というのはどういう人かしら？
具体的に考えてみて。その人がしそうな発言も一緒に考えてみましょう。
彼の口が堅い結果、
どうなるのかを考えてみてもいいわね。
ズバッと言うと、「His lips are sealed.」よ。

Q21 くだらない

ふとんが…
ふっとん
定番すぎて
もう…

I don't know what to say.
なんと言っていいのやら…
キーワード
くだらない

I don't know what to say.

なんと言ったら
いいのやら……。

I shouldn't have listened to you.

聞かなきゃよかった。

キーワード

くだらない

You are wasting my time!

時間をムダにしたわ。

That's so stupid.

めっちゃ、あほっすね。

この場合の「くだらない」は、
いろいろな言い方で「しょうもない……」と
いう気持ちを表せるわね。

イメージメソッド image method 8

"体重計"

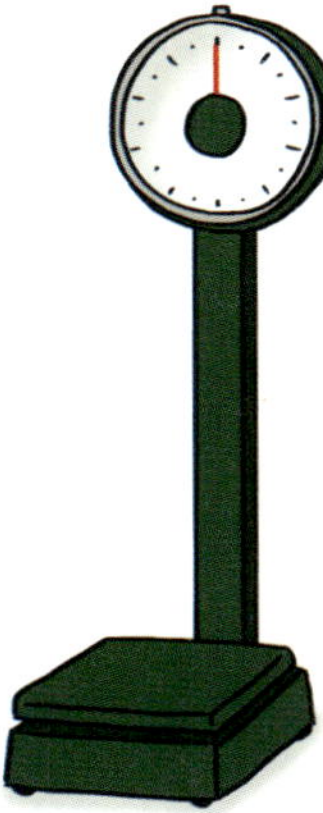

直訳できなかったら
なんて言う？

体重計

bath scale

（バス　スケール）

To know how heavy you are

（どれくらい 重いか 知るため）

After taking a bath

（お風呂あがり）

Usually square

（普通は四角い）

あ…
四角くないやつかいちゃった…
バスルームスケールとも言いますヨ

Q22 気さくな人

キーワード
気さくな人

He is friendly.

彼、フレンドリーだよ。

It is not easy for me to say “Hi” to other people but he is an exception.

私、他人に「やあ!」と声をかけるのは苦手なんだけど、彼にはできるよ。

キーワード

気さくな人

He looks like he always accepts people.

彼、いつも人を受け入れている感じがするね。

He always smiles.

彼、いつも笑っているよ。

「気さくな人」を頭の中に思い浮かべて、
英語にできそうなところを探してみて。
ズバッと言うと、
「He is an approachable person.」よ。

Q23 腕を上げる

ゆみぞうさんて面白ーい
パンパン
フフッ

You are getting funnier day by day.
日に日に面白くなってる

キーワード

腕を上げる

You are getting funnier day by day.

日に日に面白くなってる!

Your sense of humor has improved.

ユーモアのセンスがよくなってるよ。

キーワード

腕を上げる

I can't believe you are the same person I met last time.

最後に会ったときと同じ人とは思えないよ!

Your choice of words has become more humorous.

言葉の選び方が、より面白くなったね。

「腕上げたねー」という言葉の本質の2割は、
「面白くなった」ということよ。
「腕を上げる」を辞書で調べると
「improve one's skill」
「develop one's skill」と載っているわ。

Part 4

魔法のボックス

応用編

Box 1 「彼女と喧嘩して、意地を張ってしまってね……」と、お酒の席で同僚に相談したいとき

キーワード **意地を張る**

I need some time to forgive her.

I know I should forgive her, but I can't.

I pretend to be angry.

I should tell her "It's OK," but I don't want to.

キーワード **意地を張る**

彼女を許すには、ちょっと時間が必要だ。

そうすべきなのはわかってるんだけど、彼女を許せないんだ。

怒ってるふりをしてしまうんだ。

彼女に「いいよ」と言うべきなんだけど、言いたくないんだ。

意地を張るというのを一言で言うと、
「strong headed」や「stubborn」よ。
でも、それ以上に、
意地を張った人の心のうちを表現してあげると、
もっと伝わる気がするわね。

Box 2 悩んでいる同僚に「そんなに考えてると、胃に穴があいちゃうよ」と言いたいとき

キーワード：胃に穴があく

You worried about it too much. You will get sick.	If you think too much, you'll become sick.
Too much worrying is bad for your health.	Don't think too much. It's not good for your health.

キーワード：胃に穴があく

君、心配しすぎだよ。 病気になっちゃうよ。	あんまり考えすぎると、 病気になっちゃうよ。
あんまり心配すると、 体に悪いよ。	あんまり考えすぎないで。 体に良くないよ。

「胃に穴があく」を大人語で表現して、「潰瘍」と考えると
「If you worry too much, you'll give yourself an ulcer.」

と言えるわ。

「胃潰瘍」という大人語をすてて、子供語で考えて。

どんどんすててみてね。

Box 3 「最近、彼が優しいのよね。何かうしろめたいことがあるのかしら」と言いたいとき

キーワード
うしろめたい

He might have something he doesn't want you to know.

He might be hiding something.

He doesn't want you to worry and check his cell phone.

He might have something he is ashamed of.

キーワード
うしろめたい

彼、あなたに知られたくない何かがあるのかもしれないわ。

彼、隠してることが何かあるのかも。

彼、あなたに心配されて携帯チェックされたくないのよ。

彼、何か恥ずかしいことがあるのかもしれない。

なぜ、うしろめたい彼は優しいのかを考えてみて。
ズバッと言うと、
「He feels guilty.」よ。

ちょっと一服

日本人のココがヘン ①

なんで会議中に目をつぶるの？

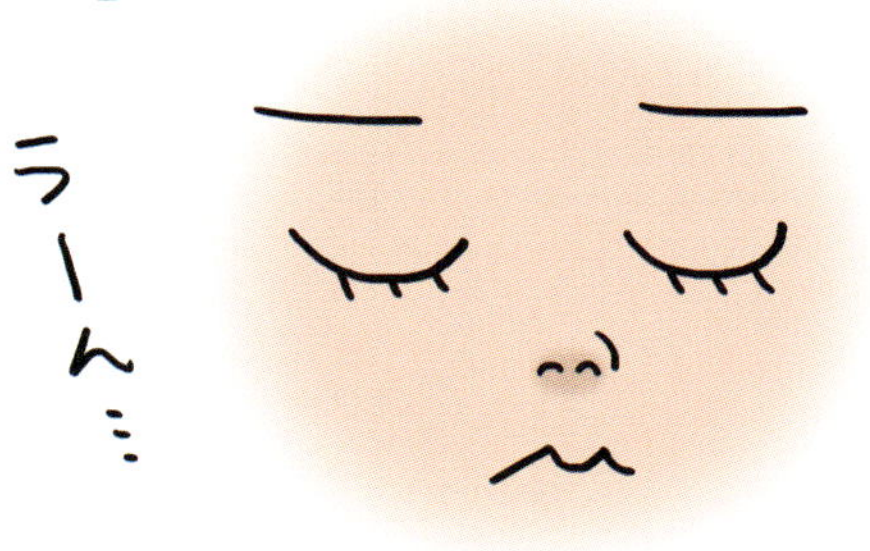
うーん…

「ありえないー」って
目を見てなんぼなんですね
えぇー
頭の中整理するとき目つぶらないの!?

Box 4 テスト前に、「いやー、腕が鳴るねー!」と言うとき

キーワード **腕が鳴る**

I can't prepare more than this!

I am completely ready for the test.

I believe I'll pass the test because I have done my best.

I think I am totally prepared for the test.

キーワード **腕が鳴る**

俺、これ以上準備できないよ!

もう準備万端だよ!

ベストを尽くしたから、合格すると思うよ!

テストに向けて、完全に準備できたと思うんだ。

「腕が鳴るよ!」と言う人は、
「どうして」その発言をしているのかしら?
出来事、事実ベースまで落とし込んで
広げてみてね。
「腕が鳴る」=「待ち遠しい」と考えて、
「can't wait」も使えるわ。

Box 5 同僚が独立する! と息巻いていたけど、「絵に描いた餅だよ……」と言いたいとき

キーワード **絵に描いた餅**

His plan is perfect, but it is probably hard to achieve.	It would be like a dream come true if he could succeed with his plan.
His plan probably won't succeed.	His plan will succeed only in his dream.

キーワード **絵に描いた餅**

彼のプランは完璧だ。でも、達成するのは厳しいだろう。	もしも彼がその計画を成功させたら、夢みたいだね。
彼のプランは成功しそうにないよ。	彼のプランは、夢の中でしか成功しないよ……。

「絵に描いた餅」→本物じゃない→本当に実現はしない、と考えてみて。
「絵に描いた餅」を辞書で調べると、
「Pie in the sky」と出てくるわ。
「空の上のパイ」と表現するのね。

Box 6 「ふられちゃったよ」→「高嶺の花だったしね」→かーらーのー「私の身にもなってよ!」

キーワード
私の身にもなってよ!

Have you ever experienced a situation like this?

If you were me, I don't think you would say that.

If you see it from my side, you'll know how I feel.

If you were in my position, you would know how I feel.

キーワード
私の身にもなってよ!

こんな経験したことある?

もしも君が僕だったら、そんなことは言わないと思うよ。

僕の側から見たらどんな気持ちかわかるでしょ。

もしも君が僕の立場だったら、どんな気持ちかわかるのに。

私の身にもなってよ! ということは、かみ砕いて言うと、「私の立場でモノを考えてみて」とお願いすることよね。
ズバッと言うと、「Put yourself in my shoes.」というイディオムがあるわ。

ちょっと一服

日本人のココがヘン②

Box 7 「彼は、奥さんの顔色をうかがっている」と言いたいとき

キーワード
顔色をうかがう

He always worries about what his wife is thinking.

He couldn't ask his wife, "Can I go out for a drink tonight?" because she was in a bad mood today.

He can only say, "Can I go drinking?" when she is in a good mood.

He never mentions going drinking when his wife looks angry.

キーワード
顔色をうかがう

彼はいつも、奥さんの考えていることにびくびくしている。

今日は奥さんの機嫌が悪かったので、彼は、「今晩飲みに行ってもいい?」と聞けなかった。

奥さんの機嫌が良いときだけ、彼は飲みに行っていいか聞ける。

奥さんが怒っているように見えるときは、彼は飲み会について触れることは絶対にできない。

奥さんの顔色をうかがっている「彼」は、どんなときにどんな発言をしたり、どんな発言ができなかったりするかしら? ズバッと言うと「He is wary of his wife's moods」で表せるわ。

Box 8 「同僚のあいつ、いつも上司にゴマすっちゃってさ」と言いたいとき

キーワード **ゴマをする**

Every morning, soon after he finds the boss, he goes "You look great, as always!".

He always tries to make his boss like him.

His favorite phrase with his boss is "I respect you!"

He likes to say to his boss, "I respect you!"

キーワード **ゴマをする**

毎朝、上司を見つけるとすぐに、彼は「いつも素敵ですね!」と声をかける。

彼はいつも、上司が彼を好きになるようにがんばっている。

彼が上司に言うお気に入りのフレーズは、「尊敬しています!」だ。

彼は上司に「尊敬しています!」と言うのが好きだ。

「ゴマをする」彼が、
言いそうなことを考えてみてね(井戸端おばさんよ)。
「ゴマをする」をズバッと言うと
「butter up」や、「kiss up to」よ。

Box 9 「彼のこと、こけにするなよ!」と言いたいとき

Your attitude to him is so bad that I can't accept it.

Don't treat him like that.

キーワード
こけにする

You should respect him a little more.

It looks like you think he is a fool. (You seem to think he is a fool.) And I don't like this.

君の彼に対する態度は、とても悪い。私はそれを受け入れられないよ。

彼のことをそんなふうに扱わないで。

キーワード
こけにする

君は彼にもう少し敬意を払ったほうがいいよ。

君は彼をバカにしているように見えるよ。そして、僕はそれが好きじゃない。

「こけにする」という言葉で何を伝えたいのか、
本質を考えてみて。
ズバッと言うと、
「insult」「be disrespectful of」
「Don't make a fool of him.」
とも表現できるわね。

ちょっと一服

日本人のココがヘン③

あっち 行け？
キテ キテー
「おいで」は こっち向き なんです
真逆は 困ります ねー
こっち こっち
あっち あっち？

Box 10 「子供たちって、本当に元気いっぱいですね」と言いたいとき

キーワード **元気いっぱい**

Kids have so many things that they want and can do.

Kids run and play all day.

Kids always say, “What are we going to do next?”

Kids never say, “We are tired.”

キーワード **元気いっぱい**

子供たちって、やりたいこと、できることが本当にたくさんあるんですよね。

子供たちって、一日中走って遊んでいますよね。

子供たちって、「次何する?」っていつも言ってますよね。

子供たちって、絶対に「疲れた」って言わないですよね。

「元気いっぱいな子供たち」の様子をイメージして、
何をしているか（イメージを表現）、どんなことを言いそうか、
言わなそうかを考えてみて（井戸端会議）。
「元気いっぱい」をズバッと言うと、
「very lively and full of energy」
で表現できるわ。

Box 11 「彼と彼女、犬猿の仲だからね」と言いたいとき

キーワード
犬猿の仲

The relationship between them is really bad.

They are always arguing about something.

When she and he are together, there is never any peace.

He never agrees with her opinion, and neither does she.

キーワード
犬猿の仲

彼らの関係は本当に悪いよ。

彼らはいつも何かについて議論しているよ。

彼女と彼がいっしょにいるとき、そこに平和はない。

彼は絶対に彼女の意見に同意しないし、彼女も同じ。

「犬猿の仲」の2人はいつも**どういう雰囲気なのか**を考えてみて。
「犬猿の仲」をズバッと言うと、
「**They are like cat and dog with each other.**」よ。
英語では、「犬とネコ」なのね。

Box 12 「彼女に口止めをしたんだ」と言いたいとき

キーワード
口止めをする

I was like, "Don't tell anybody, otherwise you are going to be in trouble."

I asked her not to tell anybody about it.

We promised to keep it a secret.

I told her, "If you tell this to anybody, I'll be so mad."

キーワード
口止めをする

私、「誰にも言わないで。さもないと、あなた困ったことになるわよ」って感じで言ったのよ。

彼女に、誰にも言わないでと頼んだ。

これを秘密にしようと、2人で約束した。

彼女に「もしも誰かにこれを言ったら、すごく怒るよ」と言った。

「口止めした」私が、彼女に向かって何を言ったかを考えてみて（井戸端会議）。
「口止めをする」をズバッと言うと、
「swear someone to secrecy」よ。

ちょっと一服

日本人のココがヘン ④

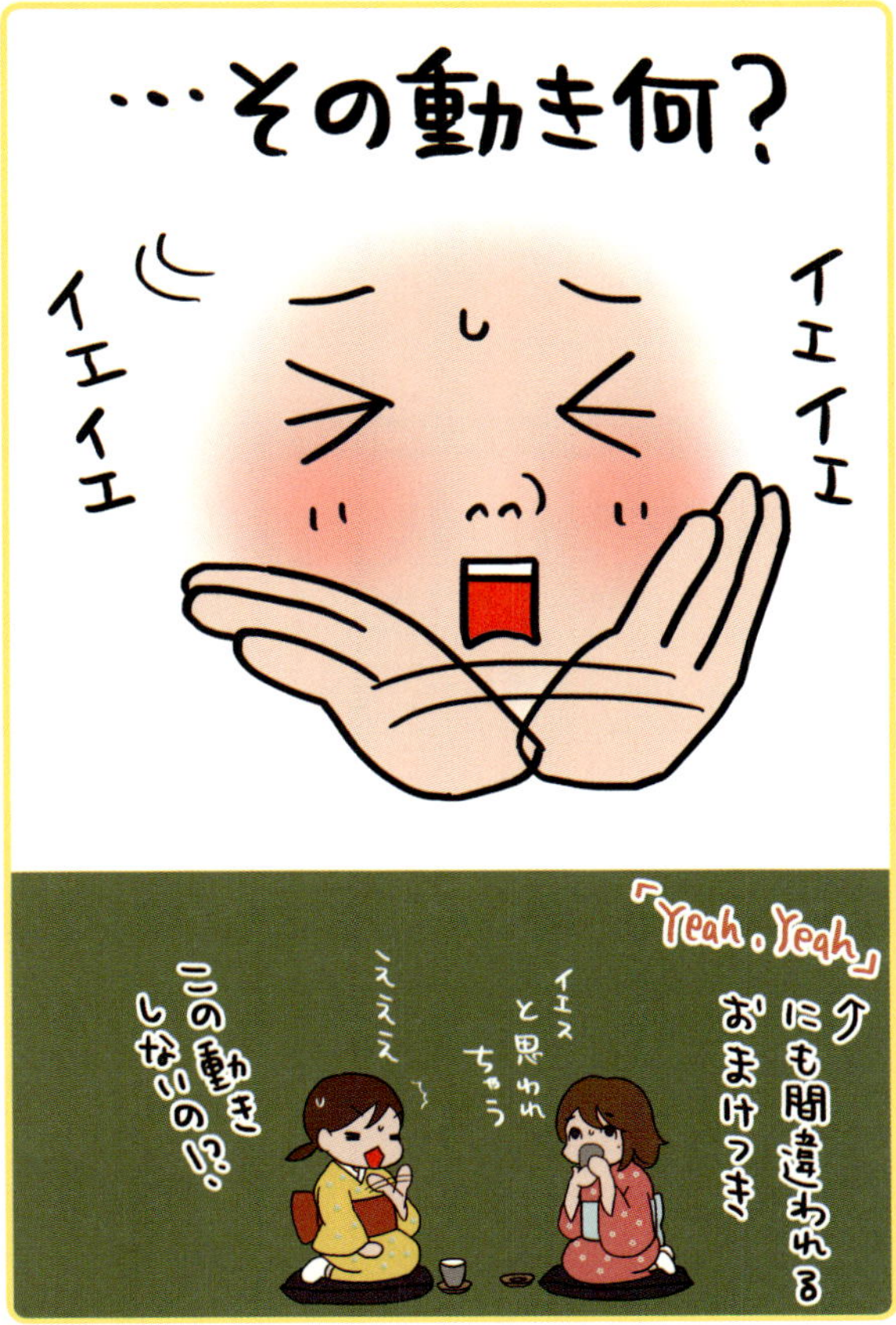

Box 13 「彼、口先だけだからね」と言いたいとき

キーワード **口先だけだ**

I don't trust him because he only says, "I'll do it," but he doesn't.

He promises but never acts.

What he says is never true.

He always says, "Let's go for a drink!" but never actually makes a plan.

キーワード **口先だけだ**

彼のこと信用してないの。だって、「やる」って言うだけでやらないし。

彼、約束するけど、実行しないよね。

彼が言うことは、絶対に実現しない。

彼、いつも「飲みに行きましょうよ!」って言うけど、実際に計画をたてることはないね。

「口先だけの人」がしそうな発言を考えてみて。
そして、何をするのか、
何をしないのかを考えてみましょう。
「口先だけだ」をズバッと言うと、
「He is all talk and no action.」よ。

Box 14 「上司は口うるさい人だ」と言いたいとき

I can't concentrate on my job since my boss keeps on checking my progress.

She asks me, "Did you finish the work?" 100 times a day.

キーワード
口うるさい

She asked me, "Did you finish the work yet?" soon after she asked the same question.

She keeps on asking me, "Did you finish?" all day.

上司が僕の仕事の進み具合を確認し続けるから、全然仕事に集中できないよ。

彼女、「仕事終わった？」って一日に100回聞いてくるんだ。

キーワード
口うるさい

彼女、「仕事はもう終わったの？」って、同じ質問をした直後にまた聞いてくるんだ。

彼女、「終わった？」って、一日中聞き続けてるんだよ。

「口うるさい上司」がしそうな行動や、発言を考えてみて。
ズバッと言うと、「bug」とか「annoy」よ。
「The boss is bugging me to work faster.」
とも言えるわね。

Box 15 ゲームをやってて、ずるをした友達に、「汚い手を使うなよー!」と言いたいとき

キーワード **汚い手を使う**

If there is a good way and a bad way, this must be bad!

You are not supposed to do this kind of thing.

Hey!
It's like a child to ignore the rules!

You are breaking the rules.

キーワード **汚い手を使う**

良い方法と、悪い方法というものがあるなら、これは間違いなく悪いほうだよ。

君、そういうことすべきじゃないよ。

おいおい。
ルール無視して、子供みたいだなー。

君、ルール違反だよ。

「汚い手」=どんな手かしら。
子供に「汚い手」って何? と聞かれたら、
何と答えるかを考えてみて。
ズバッと言うと
「Stop playing dirty tricks.」よ。

ちょっと一服

日本人のココがヘン⑤

Box 16 「彼、本当に聞く耳を持たないわ」と言いたいとき

キーワード
聞く耳を持たない

My advice means nothing to him.

He doesn't accept other people's ideas.

He thinks he is always right, so he doesn't take my advice.

He is not flexible.

キーワード
聞く耳を持たない

私のアドバイスは、彼にとって何の意味もない。

彼は他人の考えを受け入れない。

彼は自分がいつも正しいと思っていて、私のアドバイスを受け入れないの。

彼は柔軟でないわ。

聞く耳を持たない人は、何をしたり、しなかったりするかしら？
「turn a deaf ear to someone's advice」という表現もあるわ。
「no ear」では通じないので注意よ（笑）。

Box 17 「彼女って、知ったかぶりをするんだよねー」と言いたいとき

キーワード
知ったかぶり

She didn't want her friends to know that she didn't know.

She pretended to know it.

She hid the fact that she didn't know it.

She said, "Of course I know," but she didn't.

キーワード
知ったかぶり

彼女、友達に、自分が知らないということを知られたくなかった。

彼女、知ってるふりをしていた。

彼女、知らないという事実を隠してた。

彼女、「もちろん知ってるわ!」と言ってたけど、知らなかった。

知ったかぶりをした彼女は、
どんな発言をするかしら?
ズバッと言うと、
「She is a know-it-all.」よ。

Box 18 「君、写真写り悪いねー」と言いたいとき

キーワード **写真写りが悪い**

- You look better in real life.
- You look much prettier than this picture.
- The picture can't show how charming you are.
- This picture is good but you look better.

キーワード **写真写りが悪い**

- 実際はもっとステキだよ。
- 君、この写真より、ずっとかわいいよね。
- この写真は、君の魅力をじゅうぶんに表現できていないよ。
- この写真もいいけど、実物はもっといいわ。

「写真写りが悪い→実物は良い」と、
言いたいことの本質を表現してみて。
「You don't photograph well.」
ズバッと言うと、「photograph badly」よ。

参考文献
・『日本語の決まり文句英語表現辞典』(竹村日出夫編、東京堂出版)
・『ジーニアス和英辞典　第2版』(小西友七・南出康世編、大修館書店)
・「英辞郎 on the WEB」(アルク)

ちょっと一服

日本人のココがヘン 6

おまけ

会話をスムーズに続けるコツ

会話のコツ 1

英語で会話って止まっちゃいそう…間《ま》ってつなげます？
いくつか出だしのフレーズ覚えちゃえばいいんですよ
えー 例えば？
この辺 覚えとくと使えますよ
へえー
That reminds me～
それで思い出したんだけど～
Speaking of～
～と言えばさあ
I was wondering～
お願い事をするとき↑
いきなり言わないでコレではじめると自然
「～かしら？」って感じ

会話のコツ 2

わからない英単語があったらクイズにしちゃうんです
ク… クイズ?
そう! 答えを相手に言ってもらう!
問題の出し方がわかりません…
What do you call
何て言ったっけー…
How do you say
どう言うんだっけー
I forgot the name
名前忘れちゃったなー
とか!!
あ、なーるほど

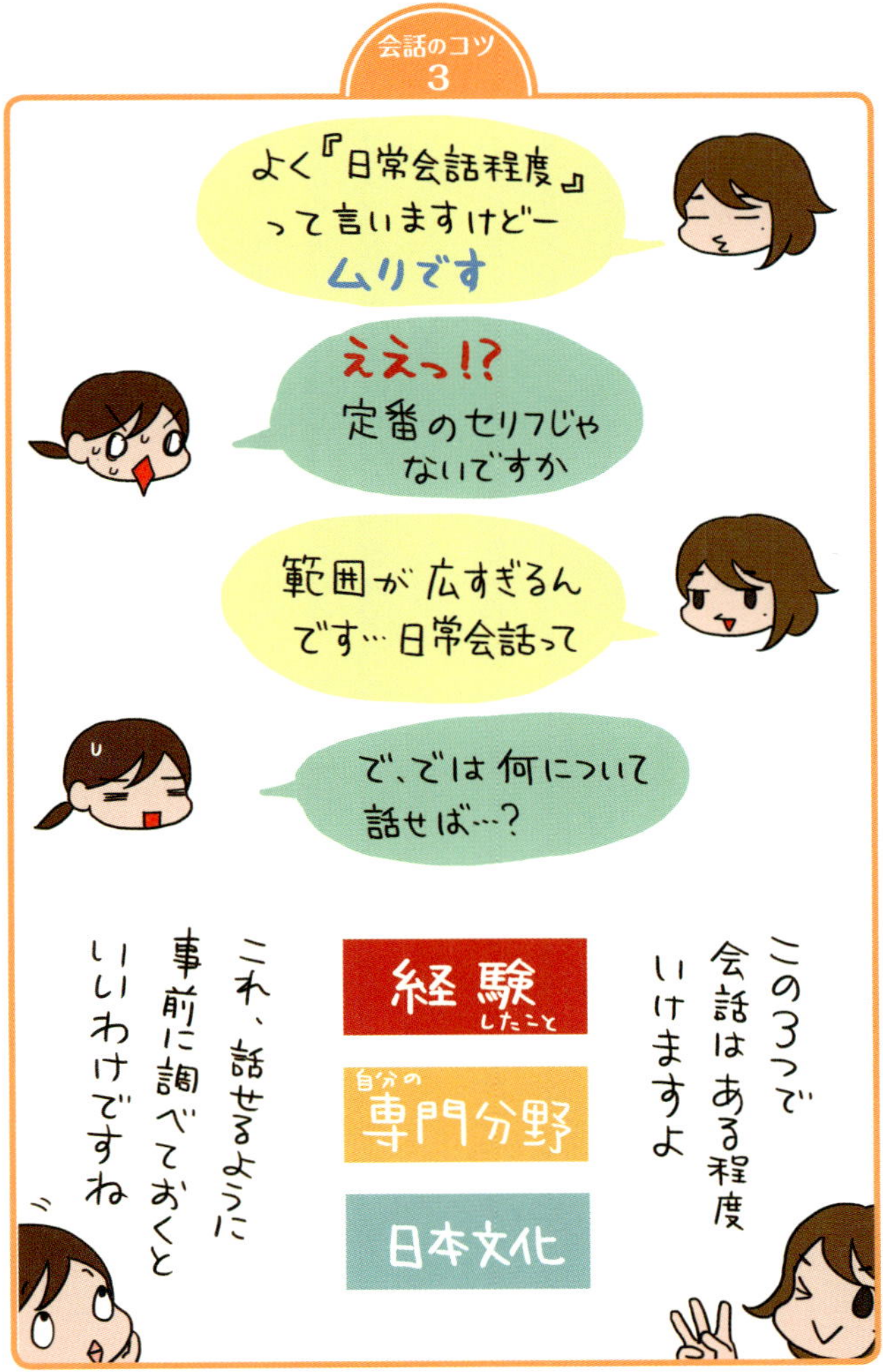
会話のコツ
3
よく『日常会話程度』って言いますけどー
ムリです
ええっ!?
定番のセリフじゃないですか
範囲が広すぎるんです…日常会話って
で、では何について話せば…?
この3つで会話はある程度いけますよ
経験
したこと
自分の
専門分野
日本文化
これ、話せるように事前に調べておくといいわけですね

おわりに

落ちこぼれ留学生が、英語トレーナーになったわけ

20年前、16歳の私は、意気揚々と生まれて初めての飛行機に乗り込みました。

中学から英語を勉強しはじめた私は、学校の休み時間に教職員室に通い詰め、オーストラリア人の先生に話しかける日々を送りました。

「私、話せる！　通じる！」

これが先生の忍耐力の為せる業とは気づかずに、できる！　と思い込んでしまったのです。

英語で話すのって、楽しい！　もっと世界を見てみたい！　と、心配性の父が止めるのも聞かず、私は単身イギリスへ。

しかし、この短期留学は、つらく、逃げ出したい思い出がたっぷりと詰まった苦いものとなりました。自信満々だった私に何が起きたのか。

そこで私を襲ったのは、「何を言っても通じない」という悲劇、「何を言おうとしても、単語を知らない」という絶望感でした。

空港からホストファミリーの家に着き、「何か家のルールがありますか？」と聞く私に、ホストファーザーは、「Huh? Lules? What's that?」と何度も何度も聞き返します。そして、まだ「すてるえいご力」を身につけていなかった私は、ひたすら同じ表現を繰り返し、肩をすぼめる彼に、顔を真っ赤にさせてしまいました。これが、留学初日。

教科書に載ってたアレ
ゆか16歳inイギリス
夜のパーティに行くか？と問われて
行かないです
I'm not going.
なに
What?
行かないの
You're not going?
はい(行く)
Yes.
「行かない」のつもりで言っている
Yes or No～!
行く
行かない
出た～～！イエスオアノ～～
日本人言われがち

ここから、何度も試練がのしかかります。

まだ16歳だった私。若く、もろくて、繊細。折れそうになる心をかろうじてつなぎ止めながら、日本のお土産「折り紙」を手に、夜、2階の自分の部屋からいそいそとリビングに降りていきました。

そして、「This is……（お土産ってなんだっけ？）」と辞書を引き、「souvenir」と伝え、折り紙をしながら説明しようとしました。

すると、今度は「鶴」を英語で何と言うのかわからない……。「かぶと」って英語でなんだっけ……とひたすら辞書と格闘しながら、「This is……（ええーっと……）」と必死に説明するも、あまりに時間がかかりすぎ、不穏な空気が流れはじめました。

結果、ホストファミリーたちは1人、また1人と自分たちの部屋に戻っていき、最後まで辛抱強く聞いてくれていたホストマザーも、ソファーの上で寝てしまいました。

彼女を寝かしておいたら風邪を引いてしまうかも……。起こすときって、「excuse me」だっけ？　いやいや、「すみません？」って聞いてどうする。「起きる」って「awake」？でも、起きて！　だから……「wake up!」？　でも、それって、ちょっときつすぎやしないか？　と1人でずっと考え込んでいるうちに、なんだか情けなくなってしまいました。

すっかり落ち込んだ私に追い打ちをかけたのが、学校の授業。

日本人と他の国の生徒では、授業を受ける姿勢が本当に根本から違います。私は、「この人たち、話してなんぼと思っている？」と何度もあっけにとられました。

その中でも、授業を中断するほどもっともよくしゃべるギリシャ人の少年がいました。

私よりも年下だったので、13歳くらい。その彼が私を奈落の底に突き落とします。

ある日、授業中に動物園の話が出てきました。

私は「日本にはキリンがいます」と言おうと思

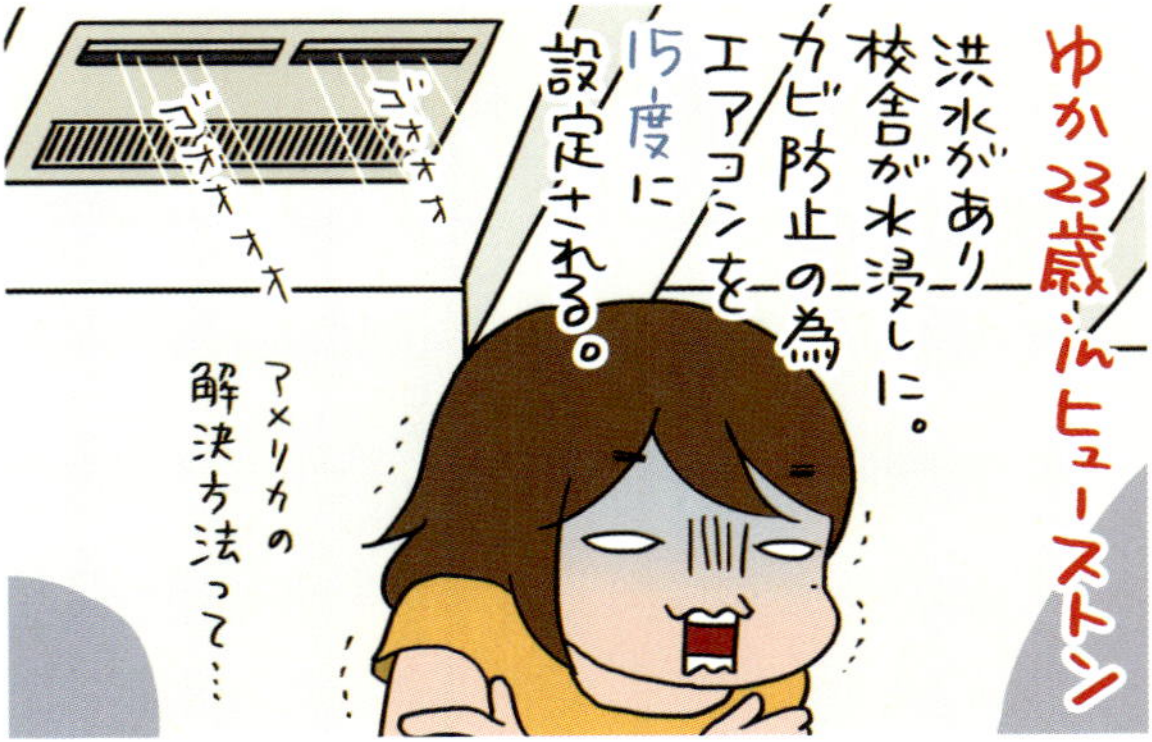
ゆか23歳inヒューストン
洪水があり
校舎が水浸しに。
カビ防止の為
エアコンを
15度に
設定される。
ゴオオオ
ゴオオオオオ
アメリカの
解決方法って…

って口を開いた瞬間、「キリン」は英語じゃない、ということに気がついたのです。

「えーーっと……キリン……。きぅりーん？　えーっと……」とひたすら時間を使う私に、ギリシャ人のその少年が放った一言。

Shut up and sit down.（黙って、座ってろ）

心が凍り付くような、冷たい衝撃が私を襲いました。

その直後はあまり覚えていませんが、次の記憶は、目に涙をいっぱいためながらも、ここで泣いてはいけないとこらえながらお手洗いに行ったこと。

そして、学校の帰り道、公衆電話の受話器を握りしめて、当時とっても高かった「コレクトコール」を日本にかけたことでした。

「もしもし？」

「ママ？……」

これだけの会話で10分が経過。その間、母が耳にしたのは、私の嗚咽だけ。意気揚々と海外に行った娘が、受話器の向こうで嗚咽している。応援して私を送り出してくれた母は、どんな思いだったのでしょう。

このイギリスでの体験で、「辞書を使いながらコミュニケーションをとる」方法に、ある意味トラウマを受けた私は、そこから抜け出そうといろいろ模索していました。

そして、大学院時代、私は運命の出会いを果たします。

それが、今の私の主人です。彼は私と同じように中学から英語をはじめていましたが、単身アメリカに渡り、大学に通っていました。そして、私が出会ったころには、アメリカ人とジョークを言い合い、笑い転げ、そしてすばらしい親友たちに囲まれていました。

カルチャーショック

私はそんな彼＝「英語上級者」の話す言葉を分析していて、衝撃を受けます。

それが、「すてるえいご」だったのです。

この「すてるえいご」を会得してからというもの、私の英語コミュニケーション能力は飛躍的に向上。海外の友達とガールズトークをし、悩みを打ち明け、励まし合い、笑い転げながら親交を深められるようにまでなり、今では多くの友人に恵まれています。


かつての私は、「正しい英語」「正しい表現」「正しい言い回し」を追い求め、「英語力は単語力」と信じて疑わず、結果、全く伝わらない英語を話し、コミュニケーションなど夢のまた夢という事態を自ら招いていました。

ゆか16歳 in イギリス
困ったらとりあえず I mean〜
言っときゃ つながるヨ！
ぐっ〜
日本人留学生に実用的(?)なアドバイスをいただく
そ、そうなの？

私、英語なんて、全然話せないかも。今までも、これからも……。目の前は真っ暗。やってもやっても、できるようにならない。思うことが表現できない。その悔しさと、切なさとやるせなさを思い出すと、今でも涙が出てきます。

あのときの私のような思いをする人を1人でも救いたい。ネイティブでもない、帰国子女でもない、さんざん泣いて苦しんだ私だからこそ、伝えられることがあるんじゃないか……。そして、かつての自分のような人たちを救えるのではないか。

もしも、あなたが今、かつての私のように、やってもやっても知らない単語だらけ……というやるせなさに立ちすくんでいるのなら、大丈夫なんだよ、とそっと背中を押したい。そんな思いで、この本を書きました。

この本で、あなたの世界をほんの少しでも広げることができたら。新しい可能性を感じてもらえることができたら、こんなに嬉しいことはありません。

最後に、これまで私を支えてくださった方々に、紙面をお借りしてお礼申し上げます。

「すてるえいご」の名付け親であり、この本を出すきっかけをくださった中山マコト先生。

専業主婦からセミナー講師の世界に入るきっかけをくださった立石剛先生。

セミナーコンテスト関係者の皆さん。

初めての生徒として手を挙げてくださった、カリスマボイストレーナーの秋竹朋子さん。

皆さんがいなければ、今の私はいません。本当に、ありがとうございます。

私の理想の生徒さん、おかたん。私はあなたの活躍にどれほど勇気づけられたかわかりません。すてる英語くらぶのメンバーの皆さん。

そして、ネイティブの観点から、いろいろなアドバイスをくださるテッドさん。いつも、ありがとうございます。

この本に、笑いと色彩、すばらしい世界観を授けてくださった、ほしのゆみ先生。私が惚れ込んで共著をお願いしましたが、打ち合わせのたびにその惚れ込みようは増すばかりでした。本当にありがとうございました。

イギリスなんて！　と私を心底心配しながらも応援してくれた父。いつも私の無茶を「これはチャンスよ！」と背中を押してくれる母。私に「すてるえいご」を学ばせてくれたダンナ様。そして、いつも癒しをくれる娘。私は家族の支えなしにはやってこられませんでした。本当に、心から、感謝しています。

お礼を申し上げたい方々は、ここでは書き尽くせません。お会いして直接お礼を言わせてください。

この本が、どうか、1人でも多くの人に届きますように。

そして、かつてイギリスで泣いて過ごした16歳の少女が救われますように。

愛を込めて。

青木ゆか

2014年7月

ゆか先生の
すてる英語くらぶ
へ、行ってみた
レポートするでー
「すてる英語くらぶ」とはゆか先生の運営しているコミュニティのイベントで、いろいろな分野の講師の方のお話（日本語）を聞いたあと、英語ならどう言うかをセッションするものです
ゆか先生の人となりを見て
キャラづけしようという目論見なのであります
取材です
お茶と歌舞伎の回に参加
おいしいお茶と茶菓子をいただいたり
歌舞伎の歴史や見方や裏話を教えてもらったり
大向《おおむ》こうの方
（「成田屋！」とか言う人。選ばれし民）

とてもためになるうえ楽しい
へぇーへぇー
ここまでは…(日本語なので)
歌舞伎
じゃあ2人1組になってくださーい
あ…私は…取材なので…
カタン
やりましょう♡
えっ?
いやムリですって
大丈夫大丈夫
英語がやりたくて来ている皆様
いけるいける
迷惑ですって〜!!
鬼やあああぁぁ笑顔の鬼がおるでぇぇ

すてる英語くらぶ　詳細　http://yuka3.jp

対談……とっておきの勉強法

青木ゆか×ほしのゆみ

ほしの　私、学生時代、本当〜に！　英語の成績が悪くて……。ゆか先生は学生時代どんな勉強方法だったんですか？

青木　「常識」とされる勉強方法は全部試してきたと思いますよ〜。まずは単語帳を作って丸暗記しようと、しばらく戦ってました。

ほしの　『でる単』（『試験にでる英単語』）とか、Aからはじまるやつとかですか？　最初に出てきますよねー、「アバンダン」＝あきらめる……。ああ、あきらめた！　あきらめたよ！

青木　今思えば、単語帳の勉強は一番時間のムダでしたね〜。

ほしの　ええー！　なんでですか!?

青木　これは体験談なんですけど、26歳のときにアメリカの公認会計士の勉強をはじめて、「まずは単語帳！」と、丸暗記しようとして、ダンナ様に止められました。

ほしの　ダンナ様も公認会計士の資格をお持ちなんですよね。

青木　そうなんです。彼が先に合格していたのでいろいろとアドバイスをもらったんですが、「単語帳は作るな」と。

ほしの　えー、特殊な用語が出てくるわけですよね？　先に覚えたほうがいいんじゃないですか？

青木　はい。私もそう思いました。でも、いずれにしろ何度も何度も出てくるので、わざわざ「それを覚える作業」というものは必要なく、確かに自然と何度も触れているうちに覚えていたんですよね〜。

ほしの　ははあ〜、なるほど！

青木　専門分野から学ぶのが、じつは近道なんです。

ほしの　専門分野ですか？　「日常会話程度なら……」って言うの、かっこいい定番じゃないですか。

青木　そうそう。皆さん、「日常会話から学びます！」っておっしゃるんですが、それが挫折の原因なんですよね……。

ほしの　うそーん。

青木　ほんとーん（笑）。「日常会話」って、じつは恐ろしく広い分野なんです。広ーいプールに水をためても、水って一向にたまらないじゃないですか？

ほしの　ほうほう？

青木　反対にコップみたいな小さい入れ物に水を入れると、すぐにいっぱいになりますよね？

ほしの　小さいコップが専門分野ってことですか？

青木　そうそう！　自分が興味のある専門分野に絞って学んで、それを応用していくのが一番の近道なんです。

ほしの　専門分野かー。なんだろう……どんなのがいいですか？公認会計士の資格はいらないです（笑）。

青木　私がおすすめしているの

は、自分の専門分野や、過去の体験を10分程度のプレゼンテーションにしてみることです。

ほしの　私だったら、なんだろう……Photoshop の使い方とかかな……聞きたい人すごい少なそうですけど！

青木　そんなことないですよ！　あっ、あと、飼っているワンちゃんのことなんてどうですか？

ほしの　あ～、それは確かに……心血を注いでいますから……。夏は彼の散歩のために4時起きです。彼が我が家で一番セレブです。愛があふれて止まらないです。

青木　そうそう！　そういうこと！　外国人を目の前にしても、作った10分を土台にして、30分は会話を続けられますよ！

ほしの　おお！　なるほど！　イメージわきました！　それならいける気がしてきました！　気がしただけですけど！

青木　そんなあなたには、英語プレゼン発表会がオススメ！　発表する日も決まっているので、逃げられないこと、うけあいです（笑）。私が主宰する「捨てる英語スクール」で、英語プレゼン発表会もやっていますヨ！

ほしの　いっ、いやあああああ!!

青木　さぁ、自分を追い込もう！

文庫化に寄せて

２０１４年の７月に処女作『ずるいえいご』が発売されて、早くも３年が経ちました。

この本を執筆した当時は、「これはまったく新しい考え方だ！」と言われていたこともあり、みなさんに受け入れてもらえるかな……と不安になったり、かと思えば「いや、これからの日本人に、絶対に必要な考え方だ！」という熱い思いがふつふつと湧いてきたりして、忙しい心境だったな、とあらためて思い出します（笑）。

この本は、「なにかをしなくては」と焦っているものの、なにをどうしていいのかわからない、という20代の女性に向けて書いたつもりでした。「英語の学び方」を通して「もっと自分を解放してあげてほしい」という願いを込めています。

しかし、そんな若い女性向けに書いたこの本。

実際発売されてみると、驚くほどいろいろな世代の方々から反響をいただきました。50代・60代の男性からも熱い感想を送っていただき、「世代・性別に関係なく、いまの日本に必要なメソッドだったのだ」という確信がこみあげてきたことを、昨日のことのように思い出します。

おかげさまで、『ずるいえいご』は、発売3カ月で5万部のベストセラーとなりました。多くの方の手にとっていただけたことを、心から嬉しく思っています。

私自身、「『正解』はなんだろう?」「この英語って、合ってるのかな?」そんな思いが蜘蛛の巣のようにまとわりつき、いざ英語を話そうとしても、「あ……」「う……」と言葉が出てこない人たちを数多く見てきました。

そして、そのような「思い」にとらわれている人達は、「いま、もっとも大事なこと」、言い換えると、「伝えたいことのコア」から視点がずれて苦しんでいるということを日々感じています。

彼らの中にあるのは、知らないうちにとらわれている「常識」や「思い込み」。そして、「こうあるべき」という、自分に課した強い不安なのではないかと思います。

しかし、それは本当にもつべき「常識」なのでしょうか?

「自分のもっている知識を活かせば話せるんだ」「『常識』なんて、ないのかもしれない」そんなことに気づいてもらえたら、とてもとても嬉しいです。

現在、私は生活の拠点をシンガポールに移し、日々英語を使ってコミュニケーションをとっています。英語を話しているシーンでは、この日本人が抱えがちな「常識」や「思い込み」は、間違いなく単なる「思い込み」でしかない……と感じるシーンが本当にたくさんあるのです。

自由に英語を、ひいては「コトバ」を使いこなすためには、知らないあいだに刷り込まれた「常識」や「思い込み」を書き換えていくことがいちばんの近道。

この本を通して、あなたの世界を広げるお手伝いができますように。
どうか、自分の可能性にワクワクする人がひとりでも多くなりますように。

願いを込めて。

２０１７年７月

青木ゆか

青木 ゆか

米国公認会計士
英語トレーナー、プロ講師として活躍中。

たった2時間のレッスンで英語コンプレックスを克服し、今や海外取引先と英語で毎日やり取りするまでになった生徒等を数多く送り出している。

自身、元・英語コンプレックス保持者。

高校時代、英語が得意と思い込んで渡ったイギリス。お土産の折り紙を英語で説明するも、ホストファミリー全員を寝かしつけ、轟沈。

その後、英語上級者たちを分析した結果、英語は「捨てる」と話せるという共通点を発見し、実践。みるみる英語が上達し、外国人の友達も急増。ビジネスにもこれを応用し、コミュニケーションをはかる。

英語表現のニュアンスへの固執をどこまで捨てられるかが鍵になると確信し、「捨てる」英語術をメソッド化。

「ある前提」で生き、自信のある豊かな人を作ることがミッション。

著書に『なんでも英語で言えちゃう本』（日本経済新聞出版社）がある。

「2012年 セミナーコンテストグランプリ大会（全国大会）準優勝」

「2012年 セミナーコンテスト 広島大会 優勝」

青木ゆか公式ブログ　http://yuka3.jp

ほしの ゆみ

日本国マンガ家
千葉県浦安市在住主婦。プロマンガ家として活躍中。

たった1コマのホームページを10年以上更新し、今や失笑と同情で毎日の閲覧者を多数作り出す。

現・英語コンプレックス保持者。

学生時代からもっとも苦手で、飛び込んだ理数系。数Ⅰまでは調子が良かったものの、代数幾何で轟沈。

その後、浮かれてすぐ結婚した結果、結婚は「面白い」ということを発見し、マンガを描いて投稿。どさくさ紛れにデビューし、ほそぼそと連載していたものの留守電のつけ忘れにより、連載途切れる。

インターネット隆盛期に時流に乗り、ニッチ戦略が鍵になると確信し、「絵日記でもかいてみようか」を開設。

日々の更新を通じて、ああ、人間こんなもんでいいんだなという自信を、日本の皆さまへお届けすることがミッション。

主な著書に、『奥様はマリナーゼ1～3、FINAL』（宙出版）、『チワワが家にやってきた1～3』（メディアファクトリー）、『おいしいオット・ライフ』（白泉社）がある。

本書は、２０１４年７月に日本経済新聞出版社から
刊行した同名書を文庫化したものです。

日経ビジネス人文庫

ずるいえいご

2017年9月1日 第1刷発行

著者
青木ゆか《あおき・ゆか》
ほしのゆみ

発行者
金子 豊

発行所
日本経済新聞出版社
東京都千代田区大手町1-3-7 〒100-8066
電話(03)3270-0251(代) http://www.nikkeibook.com/

ブックデザイン
松好那名（matt's work）

印刷・製本
凸版印刷

Printed in Japan ISBN978-4-532-19832-9

nbb 好評既刊

社会人のためのやりなおし経済学

木暮太一

やさしい解説に定評のある著者が、むずかしい数式を一切使わずに経済学の理論を語る！　大学で習う経済学が一日でわかる驚きの解説書。

東大柳川ゼミで経済と人生を学ぶ

柳川範之

転職を考える時に有効な戦略とは？　買い物で迷ったらどう考えるべき？　東大名物教授がやさしく教える、人生を豊かにする経済学的思考。

中学英語で通じるビジネス英会話

デイビッド・セイン

文法や難しい言葉は会話の妨げになるだけ。上級の表現が中学1000単語レベルで簡単に言い換えられる。とっさに使える即戦スキル。

リンゴが教えてくれたこと

木村秋則

私はリンゴが喜ぶようお世話するだけ――無農薬・無肥料という驚異の栽培法で「奇跡のリンゴ」を生み出した著者が独自の自然観を語る。

げんきときれいをつくる五味五色

パン　ウェイ

「食養生」に医者いらず！　五つの味と五つの色の組み合わせで、心も体も健康に過ごせます。おいしく食べてきれいになれる、食べ方のススメ。

nbb 好評既刊

論理思考力をきたえる「読む技術」

出口 汪

文の構造を把握し、論理の流れをとらえれば、新聞でもビジネス書でも、速く正確に理解できる。人気現代文講師の、仕事に生かせる読書術。

仕事がもっとうまくいく！気持ちが伝わる「手書き」ワザ

青山浩之

パソコンで作った書類やメール全盛だからこそ、手書きが威力を発揮する。あなたの字のクセを直し、相手に伝わる字に変わる！

仕事がもっとうまくいく！たった3行のシンプル手紙術

むらかみかずこ

送付状やお礼から、書きにくいお断り、お詫びの手紙まで。ビジネスで活用できる、たった3行の言葉で相手の心を動かすテクが満載の一冊。

フランス女性の働き方

ミレイユ・ジュリアーノ
羽田詩津子＝訳

シンプルでハッピーな人生を満喫するフランス女性。その働き方の知恵と秘訣とは。『フランス女性は太らない』の続編が文庫で登場！

フランス女性は太らない

ミレイユ・ジュリアーノ
羽田詩津子＝訳

過激なダイエットや運動をせず、好きなものを食べて楽しむフランス女性が太らない秘密を大公開。世界300万部のベストセラー、待望の文庫化。